KB205313

기독시민으로 산다

## 기독시민으로 산다

**초판1쇄 인쇄** 2020년 3월 25일
**초판1쇄 발행** 2020년 3월 31일

**지은이** 정병오
**펴낸이** 유동휘
**펴낸곳** SFC출판부
**등록** 제114-90-97178
**주소** (06593) 서울특별시 서초구 고무래로 10-5 2층 SFC출판부
**Tel** (02)596-8493
**Fax** 0505-300-5437
**홈페이지** www.sfcbooks.com
**이메일** sfcbooks@sfcbooks.com
**기획·편집** 편집부
**디자인** 최건호
**ISBN** 979-11-87942-41-2 (03230)
**값** 13,500원

잘못 만들어진 책은 언제든지 교환해 드립니다.

# 기독시민으로 산다

정병오 에세이

SFC

# 목차

정병오 선생은 성경을 깊이 있게 공부하고 묵상하는 것을 가장 좋아하는 보수적인 신앙을 지녔으면서도 한국 교육의 정상화를 위하여 〈좋은교사운동〉을 창립하여 궤도에 올려놓았는가 하면, 사회의 정의와 평화를 위하여 교사의 임무를 성실하게 감당하면서도 〈기독교윤리실천운동〉을 실질적으로 이끌고 있습니다. 이렇듯 그는 하나님의 절대주권을 특별히 존중하여 신앙과 삶의 일치를 주장하는 개혁주의를 가장 모범적으로 실천하고 있는 기독시민입니다. 이 책은 그런 그의 신앙의 열정과 삶의 실천을 이끄는 과정을 진솔하고 담담하게 기록하여 독자를 감동케 하고 도전합니다. 읽으면서 내 자신이 부끄러웠습니다.

**손봉호** 고신대학교 석좌교수, 기독교윤리실천운동 자문위원장

저는 정병오 선생을 오랫동안 지켜본 사람입니다. 신자로, 교사로, 교육과 시민운동가로 살아온 그의 삶은 신실하고 정직합니다. 삶과 교육 현장에서 고뇌하고 싸우고, 그러면서 믿음과 용기 가운데 꿋꿋이 걸어온 그의 삶과 생각이 책 속에 잘 담겨 있습니다. 이 책에 언급된 여러 스승들의 모습이 이제는 그의 모습이 되어 그도 이미 많은 사람들의 스승이 되었습니다. 자라오는 젊은이들이 그를 만나, 그의 걸음을 따라 걸어가길 바랍니다.

**강영안** 미국 칼빈신학교 철학신학 교수

이 책은 〈좋은교사운동〉을 이끌어온 정병오 선생님의 기독교시민운동에 대한 생각과 삶이 잘 드러나 있는 책입니다. 하나님 나라를 살아내고 그 가치를 이 사회와 학교에서 구현하기 위해 진지하게 고민하고 노력해온 저자의 지적, 실천적, 신앙적 흔적들은 진한 감동을 자아냅니다. 이 땅에서 그리스도인으로 어떻게 살아가야 할 것인가에 대한 나름의 문제의식을 갖고 살아가고 있는 사람들에게, 따뜻하지만 단호한 어조로 쓰인 이러한 단편 글들의 묶음은 자신의 소명을 돌아보는 데 적잖은 도움과 도전이 될 것입니다.

**신원하** 고려신학대학원 원장, 기독교윤리학 교수


제 일생의 몇몇 손꼽히는 복 중 하나는 정병오 선생님과의 만남일 것입니다. 저는 그와 15년간 기독교사운동을 함께 했습니다. 언젠가 그는 "오늘의 제가 있기까지 절반은 선생님을 만난 결과입니다."라고 말한 적이 있습니다. 사정은 저도 다르지 않습니다. 오늘의 그를 있게 하고 그 때문에 나의 일부도 가능했던, 그가 가진 내면의 귀한 것들. "인생과 사회와 교육에 대한 따뜻하고 비범한 해석, 본질을 놓지 않으려는 집요함, 안주하지 않는 믿음, 무엇보다 배움에 대한 끝없는 갈증." 저는 오래토록 그를 겪으면서 도전받아온 바인데, 독자들은 이 책 한 권으로 그 귀한 것들을 단박에 얻게 되었습니다. 참 부럽고 수지맞는 일이 아닐 수 없습니다.

**송인수** 사교육걱정없는세상 이사장

저자도 생각이 참 많은 사람이지만, 생각을 위해 생각하는 그런 사람은 아닙니다. 이 책에 대한 저자 자신의 소회처럼, 그에게 사색 혹은 그 사색의 기록은 이 땅에서 그리스도인 교사로 제대로 살아보려 몸부림쳐 온 분투의 기록들입니다. 그래서 그의 글은 내 이야기처럼 편하게 다가옵니다. 하지만 자주 멈추기도 합니다. 잘 모르는 싸움 이야기가 나오기도 하고, 나와 다른 모습으로 싸우는 장면도 나오기 때문입니다. 차분한 듯 치열한 그의 이야기에는 늘 맑은 생각의 바람이 흐릅니다. 깊은 숲속에서 맑은 샘이 나오듯이 치열한 순종의 땀 흘림에서 배어나온 생각의 줄기들이기 때문입니다. 그래서 내 허접한 생각 속을 파고드는 날카로운 칼이 되기도 합니다. 여기서 저자는 하늘나라의 시민으로 사는 것에 대해, 이 세상의 시민으로 사는 것에 대해, 그리고 더 구체적으로 이 세상에서 그리스도인 교사로 사는 것에 대해, 세 겹의 이야기를 담담히 풀어냅니다. 이는 이 땅에서 그리스도인으로 살아가는 모든 이들이 귀담아 들을 만한 이야기들입니다. 그 옛날 대학 입학식 날 접근했던 두 사람 중 하나로 시작된 인연이 여러 가닥으로 얽히며 지금까지 왔습니다. 그야말로 같이 노는 친구이자 또한 나를 가르치는 교사입니다. 여러분에게도 배울 게 많은 '좋은 교사' 한 분을 소개합니다.

**권연경** 숭실대학교 기독교학과 교수

이 책은 하나님 나라의 시민이면서 동시에 대한민국의 시민으로서 이 땅을 살아내면서 시대의 아픔과 사명에 몸부림치지 않았다면 놓칠 뻔했던 인생의 편린片鱗들에 의미를 부여하고 구성한 이야기들입니다. 동시대를 살아왔기에 재미있고 공감되며, 글마다 각각의 감정들을 불러내는 매력이 있습니다. 가벼운 것 같으나 무게감을 느끼게 하고 '교사'의 교훈을 많이 담고 있으나 부담으로 다가오지 않는 묘한 힘을 가진 것은, 인생과 교육과 사회를 바르게 바라보려고 애쓰는 한편 그것을 내재화시켜 삶에 진솔하게 녹여내는 것이 있었기 때문입니다. 이 책은 세상의 길 위에서 하나님 나라의 길을 걸어온 한 사람이 독자들에게 주는 자신의 여정—한계를 고스란히 수용하나 꿈을 접지 않은 그 여정—으로 장식한 인생의 선물입니다.

**배종석** 고려대학교 경영학과 교수, 기독교윤리실천운동 공동대표

# 기독시민,
# 이 땅에서 하늘에 속한 자로 살아가기

"그러나 우리의 시민권은 하늘에 있는지라." 빌3:20

그리스도인은 이 땅에서 살아가지만 땅에 속한 자가 아니라 하늘에 속한 자로 살아가도록 부름 받은 자이다. 하지만 이 말은 이 땅에서의 삶을 무시하고 내세만 바라보고 살라는 말이 아니다. 그보다 이 땅에 속한 사람들이 자신의 전부를 드려 집착하는 유한한 물질과 권력에 대한 탐욕을 하늘에 속한 영원한 가치에 비추어 상대화하며 살라는 것이다. 하늘에 속한 시민권을 가진 그리스도인으로서 하늘 통치자의 자비롭고 공의로운 통치를 실현하는 자로 살라는 것이다. 이렇게 하늘 시민권을 가지고 이 땅 가운데 하나님의 사랑의 통치를 실현하기 위해 살아가는 그리스도인의 정체성을 '기독시민'이라고 한다.

하지만 이 땅에 발을 딛고 유한한 육체의 한계와 죄된 본성을 지닌 채, 이 땅을 지배하는 물질중심의 거대한 흐름 가운데서 하늘에 속한 자로서의 정체성과 가치관을 유지하는 일은 결코 쉬운 일이 아니다. 복잡한 현실 가운데서 하늘 아버지의 뜻을 분별하는 것부터가 쉬운 일이 아닐 뿐더러 거대한 세상의 물결을 거슬러 그 뜻을 살아내는 것은 더더욱 어려운 일이다. 하지만 하늘에 속한 자로서 그리스도인의 삶은 세상 한 가운데서 드러나야 하는 것이기에, 그리스도인은 매일의 삶 가운데서 '기독시민'으로서 어떻게 살아갈 수 있을지를 고민해야 한다. 이 책은 한 사람의 '기독시민'으로서 완벽한 모습은 아니지만 나름대로 정직하게 살아내려고 고민하고 분투한 기록이다.

2002년 7월부터 2019년 4월까지 16년 10개월 동안 매월 빠짐없이 월간지 『좋은교사』에 「정병오 칼럼」이라는 제목으로 글을 썼다. 그 중 2002년 7월부터 2007년 12월까지의 글은 『시대를 뒤서 가는 사람』좋은교사, 2008이라는 제목의 책으로 엮어냈다. 거기서는 젊은 시절 어떻게 살 것인지에 대한 고민부터 가정과 교회, 그리고 교사로서의 삶의 고민들을 담아냈다. 이에 비해 이 책, 『기독시민으로 산다』에서는 그 이후에 쓴 글들 가운데서 주로 세상을 어떻게 분별하고, 세상 가운데서 하나님의 다스리심을 어떻게 드러낼 것인가 하는 고민들과 노력들을 담은 글들을 묶어냈다. 십여 년의 시간의 흐름이 담긴 글이다 보니 지금의 상황과 맞지 않는 글도 일부 있겠지만, 그 당시 기독시민으로서의 삶을 고민하는 여정으로 이해해주면 좋겠다.

이 책의 글들이 쓰인 지난 십여 년의 시간 동안 나의 삶에도 많은 변화가 있었다. 〈좋은교사운동〉의 대표로서 5년의 임기를 끝내고 중학교의 일반교사로 돌아왔다가, 2015년부터는 서울시교육청 소속의 고등학교 1학년을 위한 길찾기 교육과정을 운영하는 〈오디세이학교〉의 교사로 일하면서 새로운 교육의 틀을 잡고 있다. 또한 2017년부터는 창립 때부터 애정을 가지고 여러 부분에서 섬기던 〈기독교윤리실천운동〉의 공동대표를 맡아 한국 기독교가 어떻게 새로워져야 하고 한국 사회에서 어떻게 복음의 선한 영향력을 미칠 수 있을 것인지를 고민해오고 있다. 이 모든 일들이 나의 삶의 구체적인 현장이 되어 기독시민으로서의 정체성과 역할에 대한 고민을 심화시켜주었다.

어느새 내 나이도 50대 중반을 넘어섰다. 그만큼 나도 이제 우리 사회와 교회에서 책임을 져야 할 위치가 되었고, 실제로 몇몇 영역에서 책임을 지는 자리에 있기도 하다. 그런데 안타깝게도 지금 우리 사회는 점점 더 양극화가 심화되면서 삶에 대한 희망을 품는 것이 쉽지 않고 서로의 차이에만 주목하면서 날카롭게 대립하는 초갈등사회로 나아가고 있다. 더군다나 교회는 세상의 빛과 소금으로서의 역할은 고사하고 오히려 점점 더 세상의 걱정거리와 조롱거리가 되고 있는 것 같아 마음이 한없이 무겁기만 하다. 하지만 이런 모든 상황은 나를 포함해 우리 세대가 만들어온 결과인 것을 부인할 도리가 없다. 세상에는 비약이 없다는 사실을 생각할 때 이러한 문제의식을 느끼는 자들이, 특히 하늘에 속한 자로서 이 땅 가운데 기독시민으로서의 정체성을 지닌 자들이 각자의 자리에서 최선을 다해 자기 역할을 하는 수밖에 없다.

부족하지만 이 책도 우리 사회와 교회의 모습에 책임을 져야 하는 한 사람이 기록하는 반성문이자, 동시에 그럼에도 불구하고 나부터 내가 서 있는 자리에서 기독시민으로서의 삶을 살아가겠다는 약속이다. 부끄럽지만 이 책이 이런 일에 조금이라도 쓰임받기를 바라마지 않는다.

2020년 3월

정병오

# 제1장

# 나는
# 그리스도인이다

# 세월을 이길 수는 없지만
# 아낄 수는 있다


"선생님, 이번 스승의 날 특집으로 김기열 선생님*을 취재하기로 했는데, 아무래도 선생님의 기억력이 온전하지 않으신 것 같아요. 제가 몇 번이나 전화를 드려 약속을 상기시켜 드렸는데도 처음 전화를 받는 것처럼 받으세요."


그러고 보니 선생님의 나이 올해 구십 세다. 나이 구십이면 아무리 정정한 사람이라 할지라도 내일을 기약할 수 없는 나이다. 이러다가 제대로 선생님 얼굴을 뵙지도 못하고 천국으로 보내드리는 것이 아닌가 하는 생각이 들어 만사를 제치고 기자의 취재에 동행했다.

---

\* 나는 김기열 선생님을 대학생 때 처음 만났다. 대학 졸업 후에 그를 찾아가 그가 정년퇴임 후 봉사하던 〈국제기능인선교학교〉 교사로 헌신하며 살겠다고 하자, 그는 "네 뜻은 너무 귀하고 여기도 사람이 필요하지만, 이곳은 네가 감당하기에는 너무 거친 현장이니 먼저 일반 학교에서 충분히 경력을 쌓은 후에 와라."고 말하였다. 이후 나는 기독교사운동에 헌신하느라 그와 함께 사역하지는 못했지만 수시로 교제하며 그에게서 많은 가르침과 영향을 받았다.

## 녹취를 해 놓았어야 했는데

KTX로 부산에 도착해 선생님께 전화하니 전화를 받지 않으신다. 분명히 기자가 세 번 정도 미리 통화했다는 데도 말이다. 할 수 없이 주소를 보고 집으로 찾아가니 기자와의 통화 사실조차 기억하지 못하신다. 다행히 내 얼굴은 알아보고 반갑게 맞아주셨다.

기자가 준비한 질문을 내가 대신 질문하는데, 어떤 질문을 하든 관계없이 몇 가지 이야기를 반복하신다. 갑자기 후회가 밀려왔다. 김기열 선생님이 더 나이가 들기 전에 날 잡아서 선생님의 모든 이야기를 녹취해 두려고 했던 계획들을 차일피일 미루고 있었기 때문이다.

선생님은 1922년에 태어나 1940년부터 교사생활을 시작해 1986년까지 47년간을 교직에 몸담았고, 퇴직 후 20년 동안은 사회 저변층 아이들을 위해 일종의 대안학교 사역을 해오셨다. 이러한 선생님의 삶에는 한국교육사는 물론 기독교사가 이 시대에서 어떻게 살아야 하는지가 오롯이 녹아있다고 생각하고 있었다. 선생님에게 주어진 시대와 역사의 조건 속에서 한 사람의 기독교사로서 어떻게 아파했고 씨름해왔는지 그 과정을 평전 형식으로 정리한다면 좋겠다고 생각하고 있었는데……. 아쉬움이 밀려왔다.

그래서 질문의 내용과 관계없이 처음으로 돌아가 반복하는 선생님의 말을 그냥 기억력이 퇴화된 한 노인의 무의미한 반복으로 치부하지 않고, 어쩌면 그 반복되는 말 가운데 선생님의 구십 평생이 녹아있을지도 모른다는 생각으로 귀 기울이고 또 귀 기울였다.


## 땅에 한 스승 계셨네

선생님이 어린 시절을 추억하면서 가장 많이 하신 말은 '윤인구 선생님'이었다. 윤인구 선생님은 1903년생으로 일본 명치학원 신학부와 미국 프린스턴 신학대학원을 거쳐 영국 에딘버러 대학원을 수료한 엘리트였다. 28세에 귀국한 그는 선교사들이 세운 복음농업학교<sub>현 창신고등학교</sub> 교장, 부산대학교 설립자 및 총장, 연세대학교 총장 등을 역임한 분이었다. 김기열 선생님은 초등학교 졸업 후 복음농업학교에서 윤인구 선생님으로부터 가르침을 받았는데, 집이 가난해 윤인구 선생님의 집에 기거하면서 공부했다고 한다. 이 때 보고 배웠던 윤인구 선생님의 삶과 가르침은 소년 김기열의 가슴 깊이 각인되었던 모양이다.*

---

\* 윤인구 선생님은 1987년에 소천하셨고, 김기열 선생님은 윤인구 선생님의 유고 글을 정리해서 "땅에 한 스승 계셨네, 그의 참 삶, 그의 옳은 정신"이라는 제목으로 출판하였다.

## 예수 정신으로 함께 더불어 살아가세

다음으로 선생님은 '예수 정신', '함께 더불어'라는 말을 계속하셨다. 이 말은 김기열 선생님의 인생철학이나 교육철학을 요약한 말이라고 할 수 있다. 김기열 선생님은 복음농업학교를 졸업한 후 진주사범학교를 거쳐 1940년 십 구세의 나이에 경남 산청초등학교에 부임하셨다. 이후 선생님은 경남 단계초등학교, 부산 토성초등학교, 경남상고, 부산여고에서 교사로 근무하셨다. 그리고 부산 이사벨여중고 교감 및 교장, 부산 해양고등학교 교장을 거쳐 정윤고등학교현 하남고등학교 교장으로 정년퇴임을 하셨다. 이렇게 교사생활을 하면서 자신을 향해 그리고 아이들을 향해 끊임없이 하신 말씀이 "예수 정신으로 더불어 함께 살아가세"였다.

2층 김기열 선생님의 방에 올라가니 교사 시절 손으로 작성했던 자료들이 한 방 가득 쌓여있었다. 제일 먼저 눈에 띈 것은 가정방문록이었다. 아무거나 파일 하나를 꺼내 보니 부산여고 18회 3학년 1반 가정방문록이었는데, 69명의 학생에 대한 가정방문 과정과 받은 인상이 빼곡히 적혀있었다. 그 옆을 보니 '함께 더불어'라는 표지 제목으로 매일 아이들에게 전한 훈화 기록장도 있었다. 거기에는 매일의 시사적인 내용에서부터 아주 세밀한 생활지도, 신앙, 미래, 꿈 등의 내용이 적혀있었다. 선생님은 매일 아침 일찍 출근해 교문 입구에 있는 칠판에 백묵으로 새로운 훈화를 적으셨고, 나중에 그 내용을 일주일 단위로 정리해 등사해서 현재 아이들 뿐 아니라 졸업생들에게도 발송하셨다고 한다.

제자들 소식이 담긴 신문 스크랩도 눈에 들어왔다. 우리가 잘 아는 사람으로 박찬종 전 국회의원, 성우 고은아가 있었고, 이회창 총재의 부인인 한인옥 여사도 있었다. 선생님은 제자들의 소식을 늘 스크랩해 놓으면서 수시로 전화해서 그들을 격려하고 훈계하셨다. 군부독재 시절에 대학에 진학한 제자들이 민주화운동을 하다 감옥에 갇히면 감옥에도 자주 찾아 다니셨다. 나 역시 선생님의 스크랩에 있었고, 격려와 훈계를 받는 사람 중 한 명이었다.

예수 정신으로 함께 더불어 살아가고자 하셨던 선생님의 관심은 자신이 맡은 학교의 아이들과 졸업생에게만 한정되지 않았다. 선생님은 교사 시절부터 주말에 부산 및 김해 교도소의 정신교육 담당 강사로 시간을 보내셨다. 이렇게 십수 년 동안 소년원 사역을 하신 것이 계기가 되어 선생님은 공교육에서 정년퇴임을 하신 후 〈국제기능인선교학교〉의 교장으로 가게 되셨다. 〈국제기능인선교학교〉는 불우 청소년들에게 복음과 기술, 선교를 가르쳐 아시아와 아프리카, 남미 등에 기능인 선교사로 파송하는 것을 목표로 한 학교였다.* 이 학교에 무보수 교장으로 취임하신 선생님은 그 특유의 열정으로 아이들과 함께 먹고

---

* 지금은 〈로뎀청소년학교〉라는 이름으로 가정법원 수탁교육 기관의 역할을 하고 있다.

뒹굴면서, 때로는 노구의 몸으로 선교 현장을 누비면서 20년 이상 사역하셨다.

주 예수를 믿어라
그리하면 너와 네 집구석이 구원을 받으리라

선생님이 반복해서 하신 말씀 가운데 빼놓을 수 없는 말이 "주 예수를 믿어라. 그리하면 너와 네 집구석이 구원을 받으리라."는 말이었다. 이는 선생님이 일반교사 시절에나 교감 및 교장 시절에나 나중에 국제기능인선교학교 시절에나 늘 입에 달고 지내시던 말이었다. 그 만큼 선생님은 때를 얻든지 못 얻든지 복음을 전하셨고, 복음이 들어가면 인생이 바뀔 수 있다는 확신을 지닌 채 살아가셨다.

한국 교회, 그 중에서도 쇠약해져가는 농촌교회에 대한 문제의식이 강하셨던 선생님은 부산 영락교회 장로로 있으면서 매 주일 오후에 경남 일대 농촌교회들을 방문해 의료봉사 등을 하고 농촌교회의 어려운 실태를 조사해 보고서를 작성하기도 하셨다. 그리고 한국교육자선교회 조직확장지도위원장을 맡아 전국을 누비면서 지부 설립을 돕기도 하셨다.

## 영원한 현역으로 살아가야지

선생님을 만나고 다시 서울로 올라오는 길에, 주어진 한 인생을 보통 사람의 서너 배 이상으로 살아오셨던 선생님의 삶과 현재 육체의 건강과 기억력이 쇠퇴해 자신의 삶을 가누는 것 말고는 다른 사역이 불가능한 선생님의 모습이 교차되면서 만감이 오갔다. 하지만 그렇다고 해서 육체의 건강과 정신의 기억력이 쇠퇴한 선생님의 모습이 불쌍하다거나 허무하게 느껴지지는 않았다. 오히려 거의 구십 세에 이르기까지 주님의 뜻을 따라 자신을 마음껏 불사르다가 이제는 육체의 수고들을 내려놓고 편안히 쉬면서 영원한 안식을 기다리는, 최고의 복을 누렸고 또 누리고 있는 삶이라고 생각되었다.

선생님과의 만남에서 나는 누구도 세월을 이길 수는 없지만 세월을 아끼는 것은 얼마든지 가능하다고, 주님이 허락하신다면 할 수 있는 대로 세월을 아껴야겠다고 생각했다. 할 일 많은 이 세상, 이 시대에 태어난 것을 감사하고, 괜히 나이 들었다고 뒷짐질 생각하지 말고, 그 나이에 맞는 현역으로서의 삶의 터를 찾아 부지런히 달려가야겠다고 생각했다.

# 신화는
# 없다

"사랑하는 남편 ○○○ 성도가 오늘 아침 하나님의 품에 안겼습니다. 그 동안 기도해 주셔서 감사드립니다."

대학시절 내가 활동했던 기독동아리의 개척멤버요 후배들에게는 그야말로 '신화'요 '전설' 같았던 선배의 부고를 받고 내 머릿속은 이십여 년 전 대학시절로 돌아가고 있었다.

## 1,000분의 1 확률에 당첨되다

1984년 3월 2일 대학 입학식 날, 서울에 아무런 연고도 없던 나는 홀로 입학식에 참석했다. 3월이지만 아직 눈이 채 녹지 않은 운동장, 황량한 느낌이 들 정도의 넓은 캠퍼스는 그렇지 않아도 소극적이고 낯선 환경에 적응력이 떨어지던 촌놈을 더욱 움츠리게 했다. 마치 군대와도 같았던 고등학교의 입학식과는 달리 대학 입학식은 너무도 어수선했고, 당시 6천명이나 되는 신입생들과 그들의 가족들이 뒤엉켜 있어서 내가 있어야 하는 줄을 찾기조차 어려웠다.

바로 그 때 "신입생이세요?"라는 물음과 함께 내게 다가왔던 두 사람이 있었다. "그런데요."라는 응답에 그들은 자신들이 속한 기독동아리가 발행한 회보 한 장을 내밀었고, 나는 그 자리에서 바로 그 기독동아리에 가입했다. 신입생에게 회보를 뿌려 회원을 확보할 확률은 1,000분의 1도 채 되지 않는 매우 비효율적인 방식이라 그 해에만 실시하고 그 다음 해부터는 폐기된 방식이었는데, 나는 바로 그 1,000분의 1 확률에 걸려들었던 것이다.

하여간 나는 "눈 감으면 코 베 간다."는 그 무섭고 삭막한 서울 생활에서 '기독교'의 이름으로 내게 처음 다가와준 그 동아리에 내 대학생활의 첫출발을 맡기기로 했다. 그리고 그 다음 날부터 아침 8시에 시작하는 아침기도회를 비롯해 그 기독동아리가 제공하는 모든 활동에 참석하는 것은 물론이고, 공강 시간이라는 처음 맞아보는 대학생활의 여백과 자유시간을 몽땅 그 동아리와 함께 했다.


'신화'가 되다


내가 활동했던 기독동아리는 1980년부터 활동을 시작해 1982년도에 정식으로 등록을 한 그 대학 내에서는 신생 동아리였다. 그렇지만 초창기 선배들의 헌신적인 노력으로 83학번과 84학번 신입생들이 많이 가입해 내가 활동할 때는 전체 회원 규모가 백 명이 넘는 꽤 큰 동아리가 되어 있었다. 우리 기독동아리를 개척했던 멤버들은 78학번 또래의 대학원생 두 명과 80학번 또래의 학부생 두 명이었는데, 그들의 헌신은 가히 '전설'이라고 불리기에 부족함이 없을 정도로 혁혁한 것이었다.

내가 입학해서 그 기독동아리에서 활동할 즈음에는 이 전설의 사인방들이 학부 혹은 대학원을 졸업하고 그들 나름의 진로를 찾아갈 즈음이었고, 실제로는 82학번과 83학번들이 중심을 이루고 있었다. 그래도 그 사인방 선배들은 리더훈련, 교육과정 및 교재편찬, 설교 및 강의, 비공식적인 만남 등을 통해 기독동아리와 멤버들의 비전과 방향을 설정하는 데서 실질적인 지도력을 행사하고 있었다.

나의 경우 그 선배들이 활동하는 전성기를 경험하거나 직접적인 영향을 받지 못하고 겨우 그 끝물만 경험했을 뿐이지만, 그래도 그 선배들이 전해준 말이 이후의 나의 삶에 지침이 되었으며 그들의 삶을 나의 삶의 모델로 삼고자 했다. 그렇기 때문에 그들이 대학을 졸업하고 사회로 나가 어떤 삶을 살지가 늘 궁금했다. 캠퍼스에서 정말 왕성하게 복음을 전하고 후배들을 돌보며 시대와 인생을 논했던 그들의 믿음이 사회생활에서는 어떤 모습으로 펼쳐지고 영향력을 발휘할지가 궁금했고 기대가 되었다.

## 환상은 깨어지고

하지만 그들이 대학을 졸업하고 사회에서 그들의 삶을 개척하는 데서는 후배들에게 영감을 줄 만큼의 두각을 나타내지 못했다. 그때 그 선배들의 나이가 기껏해야 이십대 중후반에 불과했고, 또 아무리 대학에서 훈련을 잘 받았다고 해도 결혼과 직장, 그리고 계속해서 더 무거운 짐이 부여되는 인생의 길에서는 아직 초보자에 불과했다는 것을 지금에서는 충분히 이해할 수 있다. 하지만 당시로서는 그 하늘같았던 선배들이 사회생활 초년병으로서 시대를 바꾸는 능력 있는 모델을 새롭게 보여주기는커녕 여러 부분에서 주춤하던 모습이 실망스럽게 다가왔다.

그 선배들이 졸업한 후 몇 년이 지나자 나 역시 그 기독동아리의 리더가 되었고, 후배들에게 또 하나의 '전설'과 '신화'가 되었다. 물론 나와 학번 차이가 많이 나서 '나'를 제대로 보지 못하고 다만 나의 열심과 헌신, 그에 따른 열매와 결과들에 대해서 듣기만 한 후배들에게나 '전설'과 '신화'로 남았겠지, 아마도 나와 함께 생활했던 동기들이나 바로 밑의 후배들에게는 '신화'나 '전설'은커녕 삶의 향기나 인간적인 매력과 끌림을 주기에 턱없이 부족한 모습이었을 것이다. 뿐만 아니라 비교적 멀찍이에서 나를 보면서 '신화'와 '전설'을 연상했던 후배들조차 졸업 이후의 내 삶을 보고는 많은 실망과 아쉬움을 느꼈을 것이다.

## 성화란 무엇인가?

누구나 살면서 인생의 어느 순간에 하나님께 크게 쓰임을 받을 때가 있다. 물론 그것은 하나님의 부르심에 그가 순종으로 응답한 결과이지만 다른 한편으로는 하나님께서 특정한 상황 가운데서 그의 장점을 최대한 사용하신 결과이기도 하다. 하지만 그렇게 쓰임 받았다는 것이 그가 정말 능력 있는 하나님의 사람으로 변화되었음을 의미하는 것은 아니다. 그렇기 때문에 또 다른 상황에 처하게 될 경우 이전에 그가 하나님께 쓰임 받았을 때처럼 이번에도 그 능력이 그에게서 자동적으로 나오는 것은 아니다. 오히려 새로운 상황에서 그는 다시 하나님을 의지하는 법을 배워야만 한다. 그런데 하나님께서는 새로운 상황에 맞게 이전과는 다른 방식으로 역사하시는 경우가 많기 때문에 그 스스로도 당황하게 되고, 그래서 주변 사람들에게 큰 실망을 안겨주게 되곤 한다.

흔히 성화에 관해 이런저런 말을 하지만, 실제 성화란 속사람이 변화하여 새로운 삶을 살 수 있는 능력 있는 자로 변화되는 것을 의미하는 것은 아닌 것 같다. 물론 이런 의미에서의 성화가 없는 것은 아니겠지만, 설령 있다 하더라도 그것은 우리가 인지하기 어려울 정도로 미미한 수준에서만 일어나는 것 같다. 오히려 진정한 의미에서 성화란 자신의 연약함과 죄인됨을 더 깊이 깨닫고, 현재 나를 통해 나타나는 모든 선한 것은 오직 하나님께서 붙드시기 때문에 가능한 것임을 철저하게 인식하고,

그래서 어떠한 상황이 주어지더라도 자신보다는 하나님만을 더 의지하게 되는 과정이라고 말하는 것이 옳은 것 같다.

## 우리가 배워야 할 한 가지

그러므로 우리는 바울과 같은 자세로 살아야만 한다. 바울은 이방인의 사도로 크게 쓰임 받았지만, 정작 그는 자신이 남에게 전파한 후에 도리어 자신은 버림을 받을 수도 있다는 마음으로 늘 두려워하면서 자신을 쳐 복종하는 삶을 살았다. 우리에게 능력을 주시는 분은 하나님이시다. 하나님께서는 하나님 나라를 섬기도록 우리를 세우시며 우리를 통해 열매와 능력이 나타나도록 하신다. 따라서 우리는 그 열매와 능력이 우리에게서 나오는 것이 아니라 오직 하나님에게서 나오는 것임을, 우리는 잠시 하나님께 쓰임 받고 있을 뿐임을 인식하고 더 낮아지는 것을 배워야만 한다. 동시에 새로운 상황에서 우리의 앞길이 막히고 우리에게서 아무런 능력이 나타나지 않을 때, 우리는 좌절하거나 실망하기보다 그것이 우리의 정상적인 모습임을 자각하고, 나아가 하나님 앞에서 벌거벗은 자신과 직면함으로써 하나님을 더 알아가며 겸손을 연습해가야만 한다.

또한 눈에 보이는 열매나 성과로 자신이나 다른 사람을 판단하지 말고, 오직 하나님께서 인생을 낮추기도 하고 높이기도 하시는 분임을 깨닫고, 그분의 주권을 인정하며 그분의 관점에서 인생을 보는 눈을 길러야만 한다. 오직 내게 능력주시는 자 안에서 가난에도 처할 줄 알고 부요에도 처할 줄 아는 법을 배워가야만 한다.

# 고통과 한계를
# 살아내는 지혜

아침에 눈을 뜨면 오늘 해야 할 일이 무겁게 엄습해올 때가 있다. 아니 잠이 깨기 전 꿈속에서 한참 그 문제로 시달리다가 잠을 깰 때도 많다. 그런 일들은 단지 육체적으로 힘들거나 물리적으로 많은 시간을 들이면 해결될 수 있는 일들이 아니다. 나의 힘과 능력의 범위를 벗어나는 일들이다. 하지만 내가 책임지지 않으면 안 되는 일들이다. 오늘도 그 일들을 붙들고 씨름을 하겠지만 해결될 가능성은 그다지 높아 보이지 않는다. 그래서인지 나이가 들면서 언젠가부터 가끔씩 두통을 앓을 때가 있다.

## 감사를 읊조리거나 무작정 걷기

이럴 때면 나는 '하나님 감사합니다'를 읊조린다. 주문처럼 반복해서 말한다. 그러면 어떤 때는 정말 감사했던 일들이 생각나서 한참 감사기도를 하기도 하고, 또 가끔은 감사의 원천인 하나님을 생생하게 느끼기도 한다. 그러지 않더라도 '하나님 감사합니다'와 '하나님 나를 불쌍히 여기소서'를 반복하는 것만으로도 마음이 많이 평안해짐을 경험한다. 최소한 그날 하루를 시작할 힘은 충분히 얻는다.

그 다음에는 걷는다. 아침에 일부러 삼사십 분 일찍 나와서 지하철역 서너 구간 전에 내려서 사십 분 정도 청계천 길을 걷는다. 대부분 내게 주어진 과제들을 떠올리며 기도하면서 걷기도 하지만, 이마저도 힘들 때는 아무 생각 없이 그냥 걸을 때도 있다. 지난 겨울방학 때는 갑자기 복잡한 문제들이 한꺼번에 겹치면서 심한 두통이 엄습해와 그냥 모든 일을 중단하고 청계천 길을 두 시간 정도 걷고 들어온 적도 있다. 토요일 아침에는 다른 일정이 없는 경우 무조건 관악산을 오르려고 한다그래 봐야 일년에 몇 번 가지 못한다. 이때도 상황이 좋으면 기도도 하고 자연을 보며 찬양하며 걷지만, 아주 힘들 경우에는 무조건 앞만 보고 내 호흡만 느끼면서 산을 오른다.

## 힘들었던 순간을 기억하는 것이 주는 은혜

홀로 조용히 기도할 때나 홀로 조용히 걸을 때면 내 인생에서 정말 힘들었던 시간, 아찔했던 순간들을 떠올릴 때가 많다. 아니 내가 의도적으로 떠올린다기보다는 그냥 그런 생각들이 스스로 떠오른다. 물론 그 중에는 꼭 그때만이 아니라 그냥 일상 가운데서도 불쑥불쑥 떠오르는 생각도 있지만 말이다. 여하튼 집 근처 공원을 산책할 때면 아내와 다투고 홀로 걷던 암울했던 시간이 떠오르고, 이전에 근무했던 학교 근처를 지나노라면 유독 나와 관계가 좋지 않아 힘들었던 학생의 얼굴이 떠오르고, 운전을 하다가 접촉사고를 냈거나 혹은 아찔하게 사고를 면했던 길을 지나노라면 그때 그 순간이 떠오르기도 한다.

그런데 그 모든 순간들은 내 힘과 능력으로 풀어 해결된 적이 없다. 아니 좀 더 솔직히 말하자면 그 상황들에서 나는 어찌할 줄 몰라 주저앉거나 또는 내 경험의 한계 안에서 허우적거렸을 뿐이다. 하지만 정작 중요한 문제들은 거의 주변 사람들의 도움으로 해결되었거나 아니면 아무것도 해결되지 않았는데도 그냥 자연스럽게 넘어가곤 했다. 지금에서 돌아보면 정말이지 하나님의 은혜가 컸다고 고백할 수밖에 없다. 그리고 이런 고백을 하고 나면 지금 당면한 문제들은 그때 제일 어려웠던 상황들에 비해 오히려 작고 가벼운 문제들임을 발견하게 된다. 그러면 이 상황도 어떻게든 지나갈 것이고 하나님께서 해결해주시는 길이 있을 것이라는 믿음을 붙들게 된다.


## 바쁨의 이면

거의 이 년째 매일 빠지지 않고 말씀묵상을 정리하는 것도 큰 도움이 된다. 물론 말씀묵상을 정리하는 일도 일단 말씀을 묵상하고 또 그것을 글로 정리해야 하니 제법 시간이 들고 신경도 꽤나 쓰이는 일이다. 그래서 부담이 되기도 한다. 하지만 굳이 숫자로 표시해보자면 부담이 30%, 도움이 70%정도 된다. 기본적으로는 말씀을 묵상하는 가운데서 하나님과 교제하는 것이 큰 도움이 된다. 하지만 이에 못지않게 현실을 떠나 말씀의 세계에 침잠하는 시간을 갖는 것도 큰 도움이 된다. 내게는 일종의 도피성 같은 곳이기도 하다.

여러 분야의 일을 한꺼번에 많이 하는 것 역시 부담이지만 또한 도움이 되는 측면도 많다. 한 가지 일만 하다 보면 그 일이 풀리지 않고 부담이 될 경우 그 속에서 벗어나기가 힘들 텐데, 여러 일을 하다 보니까 한 가지 일이 잘 풀리지 않더라도 그것에만 매달릴 겨를 없이 또 다른 일을 해야 되기 때문에 오히려 어느 정도 환기가 되는 측면도 있다. 모든 일이 양면이 있는 법이라 여러 일을 한꺼번에 해야 하는 상황이 오히려 내게는 탈출구가 되고 전환의 상황이 되는 것이다. 그래서 감사할 때가 많다.


## 헌신의 그늘을 성찰하기

올해가 지나면 교직생활도 십년이 채 남지 않는다. 지금으로서는 남은 십년을 오디세이학교와 기독교윤리실천운동에 온전히 쏟을 계획이다. 하지만 다른 한편으로는 학교든 기윤실이든 나의 존재가 걸림돌이 되는 것은 아닌가 하는 생각에 늘 촉각을 곤두세우곤 한다. 혹 나의 존재나 나의 헌신이 내가 속한 기관들에 걸림돌이 된다고 판단될 때면 언제든 그만두고 다른 일을 찾아야겠다고 늘 생각하고 있다.

또 한 가지 지금 하는 일을 사명의식과 주인의식으로 하는 것 자체가 후배들에게 부담이 되고, 그들의 성장을 막고, 그들에게 '꼰대'가 되는 일이 없도록 해야 한다는 경각심을 늘 지니고 있다. 다시 말해 내가 속한 조직에서 맡은 일에 충성하고 능력을 발휘하는 것도 중요하지만, 그 못지않게 후배들이 성장하고 새로운 리더십의 토대를 다지고 함양하는 일에 깊은 관심을 가져야 한다는 것이다. 그러기 위해서는 늘 동료나 후배들의 이야기를 듣고, 그들과 함께 일하고, 그들을 앞세우기 위해 의식적으로 노력해야 한다.

## 새로운 일을 해야 한다면

이렇게 내 존재가 조직에 걸림돌이 되어 새로운 선택을 해야 하는 상황이 오거나, 혹은 현재 하는 일의 발전 과정에서 좀 더 다른 헌신을 해야 하는 상황이 오거나, 아니면 현재 하는 일에 남은 십년의 사명을 다한 후 다른 일을 맡아야 하는 상황이 오게 될 것이다. 물론 내 건강이 허락한다면 말이다.

하지만 나는 잘 알고 있다. 어떤 일이든 익숙한 일을 벗어나 새로운 일을 한다는 것은 어려운 일이다. 또한 어떤 일이든 대충 하거나 이름만 걸어서는 안 된다. 이전의 경험이나 명성으로

해서는 안 된다. 큰 일이든 작은 일이든 거기에 내 모든 것을 걸고 혼신의 힘을 쏟아야 그 일을 할 수 있을까 말까이다. 그렇기 때문에 새로운 일을 맡아서 하는 상황은 가급적 피하고 싶은 것이 솔직한 심정이다.


## 그렇지만 두려워하지 않는다

그래서 주님께서 은혜를 베푸신다면 은퇴 이후에는 한적한 곳에서 내 몸을 돌보고 자연과 함께 지내고 싶은 마음이 간절하다. 하지만 이 또한 내 마음대로 할 수 있는 것이 아님을 인생의 경험을 통해서 잘 알고 있다. 주님께서 베드로에게 하셨던 말씀처럼 젊었을 때는 그래도 비교적 내가 하고 싶은 일을 할 수 있었지만 나이가 들면 남들이 띠를 띄워 이끄는 곳으로 가야 하는 상황에 처하기가 쉬울 것이다.

그렇지만 궁극적으로는 아무것도 두려워하지 않는다. 왜냐하면 지금까지의 삶도 내 힘으로 살아온 것이 아니듯 앞으로의 삶도 내가 아니라 주님께서 인도하시고 감당할 힘을 주실 것이기 때문이다. 더군다나 설령 내가 힘에 부치고 연약해서 실패한다 해도 그렇게 큰 문제는 아닐 것이다. 왜냐하면 나의 자존심과 욕심만 내려놓는다면 언제든 나의 부족함을 인정하고 물러서거나 책임질 수 있을 것이기 때문이다.

'고통'과 '한계'는 인생의 가장 중요한 본질 중의 하나다. 동시에 이는 삶의 가장 큰 원동력이기도 하다. 우리는 주님 안에서 고통과 한계를 다루는 법을 배워가야만 한다. 이 고통과 한계를 주님 안에서 얼마나 잘 견디고 다루느냐 하는 것이 인생을 얼마나 잘 살았느냐의 척도가 될 것이다.

# 평신도의
# 영광과 사명

## 평신도가 아닌 세상 사역자

"평신도, 복음, 개혁"이라는 주제로 열린 제10회 기독법률가 대회에서 주제토론의 패널들 가운데 한 명으로 초대받아 이 주제에 관해 이야기를 나누었다. 덕분에 '평신도'로 살아온 지난 삶을 돌아보고 정리할 수 있는 기회가 되었다. 이와 관련해서 내가 했던 고민들을 나누고자 한다.

사실, 목회자와 평신도의 구분은 중세적인 개념이고, 종교 개혁으로 인해 이미 극복된 개념이다. 굳이 나누자면 '교회 사역자'와 '세상 사역자'로 나누는 것이 더 정확한 개념일 것이다. 하지만 교회 현실이나 일반적인 성도들의 인식 가운데서는 이 부분이 완전히 극복되었다고 볼 수 없다. 많은 목회자들이 스스로를 역할 구분의 차원을 넘어 종교적으로 더 우월한 위치에 있다고 생각하는가 하면, 성도들 가운데서도 그렇게 인식하는 경우가 많다. 이에 반해 일반 성도들은 이러한 목회자/평신도의 잘못된 이원론 구도에 기대어 하나님 앞에서 자신들의 게으름과 무책임을 합리화하곤 한다. 그렇기 때문에 아직 한국 교회가 제대로 극복하지 못한 목회자와 평신도의 잘못된 구분을 보다 명확히 드러내고 바로 잡아가기 위해서라도 논쟁적인 개념으로서 평신도에 대한 논의가 더 많이 이루어져야 할 것이다.

## 평신도도 부르심을 받아야 한다

목회자는 자신이 목회자로 부르심을 받았는지에 관해서만 고민하면 된다. 하지만 평신도는 자신이 왜 목회자로 부르심을 받지 않았는지를 고민하면서, 동시에 평신도로서 어떤 영역에 부르심을 받았는지를 함께 고민해야 한다. 특히 종교적 열심이 넘치고 말씀을 연구하고 가르치며 사람을 돌보는 일을 즐기며 헌신하는 사람은 더더욱 그렇다. 내 경우도 어릴 때부터 신학을 하라는 권유를 많이 받았다. 그리고 대학시절에는 전공 공부보다 학생선교단체의 리더로서 활동하는 일에 더 전념하다 보니 외부 사람들은 물론이고 나 스스로도 목회자로서의 부르심이 있는 것은 아닌가 하고 질문을 많이 할 수밖에 없었다.

대학을 졸업한 후 군 생활을 하면서 군종을 할 수 있는 기회가 두 번 있었다. 사단 신병훈련을 마치고 연대로 배치받기 전 사단 군종실에서 나를 군종병으로 불렀고, 연대로 배치받은 후에도 연대 군종실에서 다시 나를 군종병으로 불렀다. 그때 나는 만약 내가 군종병으로 부름 받아 군종 일을 하게 된다면 하나님께서 나를 목회자로 부르시는 중요한 사인일 것이라고 생각하며 기도하고 있었다. 그런데 두 번 다 막판에 좌절되었다. 연대에서 나를 다른 보직으로 더 강하게 찍어서 불렀기 때문이다. 이런 경험을 하면서 나는 하나님께서 나를 목회의 일이 아니라 세상의 직장으로 부르신다고 확신하고 목회의 부르심에 대한 미련을 완전히 버렸다. 물론 이후 교직에서 일하면서도 가끔 지금이라도 목회자가 되면 어떻겠냐고 제안받기도 했지만, 그런 제안은 현재 일하는 교직과 기독교사운동으로의 부르심보다 크게 끌리지 않았다.

## 직장세상에서 부르심에 응답하려면

평신도의 삶은 보통 가정, 직장, 교회, 사회로 펼쳐진다. 이 가운데 가정, 교회, 사회는 목회자나 평신도에게 공통으로 주어진 영역이다. 물론 이 가운데 교회는 목회자와 평신도의 공통의 영역이긴 하지만 접근 방식에서 차이가 있을 수밖에 없다. 보통의 경우 목회자는 교회를 목회의 대상으로 접근하는 경향이 많고, 평신도는 영적 소비자의 자세로 또는 목회자에 의존하는 자세로 접근하는 경향이 있다. 이로 말미암아 교회는 그리스도를 머리로 하고 한 몸을 이루라는, 그리고 이렇게 한 몸 안에서 각 지체로 장성해감으로써 세상에서 빛과 소금의 역할을 하라는 부르심에 제대로 응답하지 못하게 된다. 따라서 교회에서는 목회자든 평신도든 자신의 약점과 현 위치를 제대로 파악하고, 그 부르심의 본질에 접근하려고 노력해야 할 것이다.

직장으로의 부르심은 목회자와 평신도가 확연히 갈리는 부분이다. 이 부르심의 가장 큰 특징은 그 하는 일이 직접적인 종교 행위와 연결되지 않는다는 것이다. 그래서 평신도는 직장에서 자신이 하는 일이 이 세상의 모든 사람들을 사랑하시어 그들에게 먹을 것과 입을 것을 주시며 그들이 기쁨과 평화 가운데서 살아가기를 원하시는 하나님의 사랑의 통치에 어떻게 연결되고 있는지를 끊임없이 성찰하면서 의미를 찾아야 한다. 동시에 그는 자신에게 맡겨진 일 자체에 의한 것이든, 함께 일하는 사람들과의 관계에 의한 것이든, 혹은 사회구조적인 모순에 의한 것이든 직장에서 겪는 크고 작은 어려움 속에서 하나님을 의지함으로써 그분께서 주시는 힘과 도우심을 경험해가야 한다.

이러한 과정은 결코 쉬운 일이 아니다. 하지만 이 과정을 제대로 붙들고 씨름하다 보면 하나님께서는 교회 안에만 계시고 교회만 다스리시는 분이 아니라 온 세상에 계시고 온 세상을 다스리시는 분임을 깊이 알아가게 된다. 직장과 일 가운데서 하나님께서 나와 함께 하시어 나와 함께 일하는 사람들의 마음을 움직이시고 나와 나의 일을 통해 많은 사람들을 유익케 하시는 경험은 종교적인 차원의 영적인 경험보다 훨씬 짜릿할 때가 많다. 일반인들에게는 그것이 우연이고 운이 좋은 것으로 보이겠지만, 실제 그 모든 일에서 하나님을 의지하고 하나님께서 개입하시는 것을 경험한 사람에게는 그것은 곧 하나님의 통치요 다스

림인 것이다. 이렇듯 직장에서 자신이 하는 일을 통해 하나님과 교제하며 하나님 나라를 경험할 수 있는 것은 목회자가 경험하기 어려운 평신도의 특권이요 영광이라고 생각한다.


## 평신도의 영적 생활

평신도는 자기 시간과 에너지의 많은 부분을 종교적으로 보이지 않는 일들에 쏟아 붓는다. 그는 세상의비종교적인 일을 영적종교적인 원리와 에너지로 감당하는 삶을 사는 것이다. 하지만 그렇다고 평신도에게 종교적인 일에 몰입하고 거기서 얻는 기쁨과 힘을 얻는 기회가 없는 것은 아니다. 어쩌면 거꾸로 목회자는 종교적인영적인 일을 직업적으로 해야 하기 때문에 이 일을 세상적인비종교적인 방법으로 해야 하는 경우가 있을 수 있다. 반면 평신도는 비록 종교적인영적인 일에 몰입할 수 있는 시간이 제한되긴 하지만 그것을 기쁨으로 누릴 수 있는 자유와 특권을 가질 수 있다. 더군다나 그에게는 세상직장이라는 장이 있기 때문에 영적으로 몰입하는 시간이 추상적이지 않고 구체적일 수 있다. 즉 그는 세상직장에서 부대끼고 해결하지 못했던 문제들을 가지고 영적으로 몰입하는 시간에 씨름할 수 있고, 또한 그 시간을 통해 얻은 통찰과 영적 에너지로 세상직장에서 실천하기 때문에 훨씬 실제적인 영적 생활을 누릴 수 있는 것이다.

물론 이는 평신도에게, 비록 제한된 시간이지만, 영적으로 몰입하는 시간을 확보하겠다는 갈망이 있어야만 가능한 것이다. 각자가 처한 직업의 여건이나 가정 또는 자녀를 돌보는 생애 주기에 따라 차이는 있겠지만, 할 수 있는 대로 시간을 쪼개어 정기적으로 말씀을 읽고 연구하고 적용하는 데 힘써야 한다. 긴 시간은 아니더라도 정기적으로 기도 시간을 갖는 것은 물론이고, 구체적인 삶의 순간순간마다 하나님께 묻고 간구하고 묵상하는 데 힘써야 한다. 그렇게 해서 목회자의 설교나 교회의 훈련과는 별도로 스스로 하나님 앞에서 단독자로 서서 하나님과 교제하는 근력을 키워가야 한다.


## 새로운 평신도 사역, 기독전문인 단체의 책임

지금까지 한국 교회는 평신도를 키우는 데 큰 관심을 보이지 않았다. 관심을 보인 경우도 평신도가 직장세상으로 부르심을 받고 그에 합당한 삶을 사는 데가 아니라 교회에서 목사님을 보좌하고 교회 봉사에 충성하는 사람으로 키우는 데 초점을 두었다. 이는 한편으로는 목회자들이 평신도보다 은근히 영적인 우월감을 가졌기 때문이기도 하며, 또 한편으로는 목회자들이 평신도의 삶의 본질과 그 작동 원리에 대해 잘 몰랐기 때문이기도 하다.

이런 면에서 볼 때 지난 이삼십년 동안 꾸준히 성장해온 기독전문인 단체들의 책임이 매우 크다고 할 수 있다. 이들은 이제 더 이상 목회자들과 목회자 중심의 교회에 눈치를 보는 자리에 있어서는 안 되고, 목회자나 목회자 중심의 교회가 할 수 없는 교회의 본질 중 한 부분을 감당해주어야 한다. 즉, 평신도에게 그들의 정체성을 회복하게 하고 그럼으로써 그들의 역할을 온전하게 수행할 수 있게끔 훈련하는 데 보다 적극적으로 나서야 하는 것이다.

# 우리에게
# 신학이란 무엇인가?

"야! 도대체 네 전공이 뭐냐?" 대학시절 같은 과 친구들이 내게 던지곤 했던 질문이다. 친구들이 이런 질문을 할 수밖에 없었던 것은 내가 주로 듣는 과목이나 들고 다니며 읽는 책, 그리고 좇아다니는 활동이 전공과는 거리가 먼 것이었기 때문이다. 돌아보면 전공과목은 졸업을 위한 최소 이수학점만 듣고 나머지 학점들은 종교학과에 개설된 신학사상 관련 과목, 언어학과의 헬라어 과목, 철학과 과목들 가운데서 신학과 연관성이 있는 과목들로 채웠다. 그리고 전공과목을 공부할 때도 신학자인 아우구스티누스나 토마스 아퀴나스와 같은 중세 철학자들, 칼 야스퍼스나 키르케고르와 같은 유신론적 실존주의자들, 그리고 라인홀드 니버나 에밀 브루너와 같은 신정통주의 신학자들의 윤리 사상에 대해 공부해서 발표하는 것을 자원했고, 졸업논문도 라인홀드 니버의 윤리 사상에 대해 썼다.

## 평신도가 신학을 다 공부하면 우리는?

당시 내가 들고 다니며 탐독하던 책들도 주로 신학과 관련된 책이었다. 당시 내가 활동했던 기독동아리는 당시 단순한 복음 제시와 전도의 열정, 좁은 의미의 경건 훈련을 강조하던 기독동아리와는 달리 성경 본문에 대한 깊은 연구와 개혁주의적인 신학에 기반을 둔 학문과 사회 변혁을 중시했다. 그러다 보니 동아리 내에는, 마치 운동권 친구들이 마르크스주의에 기반을 둔 사회과학 서적을 체계적으로 탐독하며 시대를 읽고 자신이 믿는 바에 따라 자기 삶을 드리듯이, 하나님의 말씀을 신학적으로 깊이 있게 연구하고 성경이 분석하는 틀을 따라 학문과 세상을 이해하면서 거기에 자신을 드리고자 하는 분위기가 강했다.

거기다가 우리 동아리를 지도해 주셨던 손봉호 교수님은 외국에서 신학으로 박사학위를 받은 복음주의 계통의 젊은 소장파 학자들이 귀국 후 인사차 들리는 필수코스였다. 그리고 그때마다 그들은 매주 1회 열리는 동아리의 전체 모임이나 수련회의 강사로 서곤 했었다. 또한 그들을 통해 당시 복음주의 신학의 최첨단이라고 할 수 있었던 구속사적인 성경해석, 성경신학, 하나님 나라, 개혁주의적 기독교 세계관, 기독교 고전 등에 관해 알게 되었고 그와 관련한 책들도 소개받을 수 있었다. 그래서 대학을 졸업할 즈음에는 웬만한 국내 신학대학원에서 공부하는 책이나 내용들도 어느 정도 소화할 수 있을 정도가 되었다. 때문에 절친하게 지내던 교회 전도사님은 "평신도가 이런 책을 다 읽어버리면 우리는 뭐 먹고 사느냐?"라고 농담 반 진담 반 이야기하곤 했었다.


## 신학이 주는 기쁨과 한계


비록 신학대학교나 대학원에서 진행하는 정규 신학교육과정이 아닌 비형식적이고 자유롭게 책이나 강의를 통해 하는 엉성한 공부이긴 했지만, 대단한 관심과 열정을 가지고 신학의 이곳저곳을 헤매며 한동안 심취했던 경험은 이후의 신앙 여정에 매우 유익한 도움이 되었다. 무엇보다 성경을 전체적이고 신학적이며 역사적인 맥락을 따라 보는 눈을 가지게 되었으며, 또한 이후 언제든 마음만 먹으면 최신 신학책의 도움을 받든 아니면 성경 그 자체만을 보든 성경을 연구하고 말씀의 깊이에 들어갈 수 있는 기본 역량들을 갖추게 되었다. 이것들은 개인경건시간QT 및 개인기도훈련과 함께 내 삶에서 가장 큰 영적 자산이 되었다.

대학시절에 신학을 공부한 것이 내게 준 또 하나의 선물이라면, 약간 역설적이긴 하지만, 신학의 한계에 대해서도 알게 해주었다는 것이다. 즉, 신학이 신앙과 영성에 도움을 주고 무엇보다 성경을 제대로 읽을 수 있도록 해주는 매우 귀한 도구이긴 하지만, 그 자체로는 단지 하나의 지적인 활동에 불과하다는 것이다. 그래서 일반적인 지적 활동에서 볼 수 있듯이 그 자체의 논리 구조에 갇히거나 불필요한 에너지를 소모하게 되는 부분도 있을 수 있다는 것이다.

이렇게 신학이 갖는 장단점들을 접하면서 신학은 지금까지 쌓은 기초를 기반으로 이후 신앙의 정진을 위해서 필요하거나 또는 교회에서 섬기고 헌신하는 데 필요할 경우 그 필요만큼 조금씩 더 공부해가는 것이 내게 주어진 몫이라고 결론지었다. 즉, 모든 삶을 드려서 학문으로서의 신학을 연구하고 가르치는 일은 내게 주어진 일이 아니라는 것, 그리고 내가 이 일을 하지 않더라도 하나님 앞에서 부끄럽거나 부족한 것이 아니라는 것을 분명하게 정리하게 되었다. 그럼으로써 만약 내가 대학시절에 신학을 제대로 접하지 않았다면 혹 갖게 되었을지도 모르는 신학에 대한 동경이나 미련으로부터 자유로울 수 있게 되었다.


## 신학과 신학함

하지만 내가 학문으로서의 신학에 삶을 바치지 않고 대학의 전공과 직업적 소명에 따라 학교에서 학생들을 가르치는 자리에 섰다고 해서, 신학이 내 삶과 무관해진 것은 아니다. 오히려 신학은 내 삶에서 더욱 중심된 자리를 차지해야 했다. 이를 깨닫는 데는 오랜 시간이 걸리지 않았다. 물론 성경이나 신학서적을 읽고 연구하는 시간은 교사로서의 내 삶에서 비교적 작은 부분을 차지한다. 그러나 교사로서 학교에서 드러나는 삶, 곧 수업을 잘 준비하고 가르치는 것, 학생들을 칭찬하고 훈계하면서 그들의 삶을 지도하는 과정, 행정 업무와 같은 교육 공무원으로서의 역할을 수행하는 과정 등에서 하나님을 알아가고 하나님의 영광을 나타내기 위해서는 지속적인 신학공부가 필요했다. 다시 말해, 교사로서 살아가는 다양한 삶의 상황과 선택 그리고 실천들을, 그것이 좋은 결과로 나타났든 나쁜 결과로 나타났든, 하나님의 말씀에 비추어 묵상하고 그와 관련해 하나님의 뜻을 다시 묻는 과정이 필요했던 것이다. 그럼으로써 내 삶에서 살아 역사하시는 하나님을 좀 더 체계적으로 정리해야 했을 뿐 아니라, 나아가 이를 교회와 기독교사 공동체에 나누는 과정을 거치면서 총체적으로 자라가야 했던 것이다. 이러한 과정들이 나의 신학함이었고, 여기서 나의 신학이 형성되어 갔다.


## 정답이 아닌 해석 공동체를 주셨다


우리는 하나님께서 우리 삶의 주인이시고 우리의 머리털까지 세실 만큼 세밀하게 간섭하신다고 고백한다. 하지만 우리의 삶은 그렇게 단순하지가 않아서 그 속에서 하나님의 뜻을 분별하고 순종하는 것이 매우 힘들다. 또한 우리는 하나님께서 역사의 주인이시고 이 세상에서 일어나는 모든 일을 주관하신다고 고백한다. 하지만 이런 고백만으로는 실제 역사의 현장에서 일어나는 수많은 악행과 억울함, 압제, 고통들을 설명할 수 없다. 그러기는커녕 오히려 그런 고백이 걸림돌이 되는 현상 앞에서 우리는 당혹감을 느끼게 된다. 더군다나 이 모든 것들의 기준이 되는 성경은 이천년에서 육천년 전의 이야기를 담고 있기 때문에 거기서부터 단순하고 명쾌한 해답을 얻는 것은 매우 어려운 일이다.

사실 이천년 전에 오신 하나님의 아들이신 예수님께서는 이슬람의 코란과 같은 명쾌한 행동지침을 주시기보다는 오히려 자신의 삶과 죽음, 부활에 대해 해석하고 증거할 수 있는 제자들의 공동체를 만드는 일에 주력하셨다. 그리고 이 제자들의 공동체로 하여금 구약성경과 함께 예수님의 삶과 가르침을 새로운 시대 가운데서 끊임없이 해석하고 적용하는 신학적 과정을 거치면서 하나님의 나라를 이 땅의 역사 가운데 가장 효과적으로 세워갈 수 있도록 하셨다. 이로 말미암아 복음과 기독교는 이천년의 역사 속에서, 비록 위태한 일도 많았지만, 그 진리의 빛을 드러내왔다.

실제로 제자들의 공동체는 사천년의 전통을 지닌 유대의 제사제도와 율법, 그리고 예수님께서 개념만 던지고 가신 교회의 제도와 예배의식에 관해 끊임없이 논쟁했고, 그 결과를 그들의 시대와 상황 속에 새롭게 적용해왔다. 삼위일체라는 신학적 개념도 성경으로부터 도출해서 만들었으며, 특정한 시대에서 어떤 제자들은 수도원적인 전통도 만들었다. 또한 중세가 끝나갈 무렵에는 당시의 교회 및 교리가 성경에서 많이 어긋나자 종교개혁을 일으켰으며, 근대에 들어서는 민주주의라는 정치체제,

천부인권이라는 사상, 노예제 폐지라는 제도 개혁 등을 만들어 내기도 했다. 그리고 제국주의 시대에 어떤 식민지에서는 성경에서 민족의 독립과 민족주의를 끌어내기도 했으며, 압박받는 제3세계에서는 해방신학을 만들기도 했고, 분단된 나라에서는 통일신학을 고민하기도 했다.


## 지금 여기에 임하신 그분의 계시를 찾아

물론 이 모든 과정에서 죄인된 인간이 하는 일이라 온전하지 않았던 부분들도 많았다. 예를 들어, 어떤 사람들은 자신이 믿는 신학적 가치를 지키려는 열정에서 다른 사람들의 생명을 해하기까지 했고, 또 어떤 사람들은 성경적이라고 믿으며 제도나 의식 등을 만들었지만 사실 그 가운데는 당시의 세속적인 사상과 문화가 자리한 경우가 있었다. 뿐만 아니라 어떤 사람들은 이전 시대에는 적합했던 진리가 새로운 시대에는 맞지 않는 면이 발생했는데도 이전의 것을 고집하고 새로운 변화를 억누르는 수구로서의 역할을 하기도 했다.

그럼에도 불구하고 하나님께서는 불변하는 몇 가지 규칙들과 의식들 안에 그분을 가두시거나 또는 변화하는 모든 상황들에 맞추어 일일이 그분의 뜻을 계시하시는 안전한 방식으로 전환하지 않으셨다. 오히려 하나님께서는 인간의 수많은 실수와 연약함에 불구하고 2,000~6,000년 전의 상황에서 그들의 역사에 개입하셨던 인격적인 그 모습, 그들과 함께 기뻐하고 때로 노하셨던 그 감성적인 언어와 표현들, 그리고 그러한 하나님께 반응했던 실수 많고 허물 많은 사람들의 모습을 통해 자신을 계시하셨다. 그리고 그분을 따르는 백성, 그분의 공동체가 이러한 계시를 변화된 새로운 시대와 새로운 상황 가운데서 그들의 믿음과 경험, 감수성으로 해석하며 공감하고 고백해가는 과정을 통해 그분을 늘 새롭게 계시하시는 방식을 고집스럽게 고수하셨다. 하나님께서는 바로 이러한 방식으로 옛날 조상들, 그분의 백성들에게 그분의 뜻을 드러내셨던 것과 같이 오늘 우리 시대 그리고 나에게도 말씀하시면서 그분의 뜻에 동역하기를 원하신다.

바로 이러한 과정이 '신학함'의 과정이고, 이런 의미에서 모든 그리스도인은 살아있는 신학자로 부름을 받은 것이다. 나 또한 기록된 말씀과 기도 가운데서 만나는 하나님의 영광의 빛, 그리고 날마다 내게 주어지는 인생의 숙제들과 혼란스러운 우리 시대의 모습을 내 영의 그릇 속에 담으며 고민하고 아파하고 묵상하는 것이다. 그리고 그 가운데서 주어지는 아주 세미한 빛과 음성을 따라 한 발짝씩 떼며 다시 돌아보고, 하나님께 묻고, 형제들과 나누거나 열띠게 토론하는 것이다. 그럼으로써 비록 어설프기 짝이 없지만 지금 여기를 살아가며 비추는 신학자로, 예언자로 서기 위해 부단히 노력하는 것이다.

# 신학의 바다에서
# 넘나들며 배우기


## 현대 자유주의 신학의 바다에 빠지기

대학시절 수강했던 교과목들을 지금 떠올려보면 그 내용은 물론이고 과목명조차도 떠오르지 않는 것이 많다. 그때 들었던 교과목 내용이 시시했거나 내게 영향을 미치지 않아서가 아니라 시간이 삼십년 가까이 흐르다 보니 내 삶의 일부로 완전히 소화가 되어버렸기 때문일 것이다. 그런데 삼십년이란 시간의 흐름에도 불구하고 지금까지 과목명은 물론이고 내용까지도 비교적 생생하게 기억나는 과목이 몇 개 있다. 생각해 보면 이 과목들은 교수님의 강의가 탁월해서가 아니라 그 과목의 내용들이 당시는 물론이고 지금의 내 삶의 관심이나 고민과 연결되어 있기 때문인 것 같다.

이렇게 지금까지 내 기억 속에 생생하게 남아 있는 과목 중의 하나가 종교학과에 개설되었던 나학진 교수님의 〈현대 기독교 사상〉이다. 그 내용은 현대 자유주의 신학의 선구자로 불리는 슐라이에르마허, 리츨, 하르낙, 그리고 신정통주의 신학자로 분류되는 칼 바르트, 라인홀드 니버, 본회퍼, 실존주의 신학자로 불리는 루돌프 불트만, 폴 틸리히, 해방신학자인 구티에레즈, '희망의 신학'으로 유명한 위르겐 몰트만, 나아가 현대 가톨릭 신학자의 거두인 칼 라너, 한스 큉에 이르기까지 12명의 현대 신학자들의 사상을 개략적으로 설명하는 것이었다. 지금 생각해도 그 강의는 소위 말하는 '명강'은 아니었다. 그 깊고 방대한 신학자들의 사상을 세 시간에 한 명씩 다루었으니 그야말로 겉핥기에 불과할 수밖에 없었을 뿐 아니라 교수님의 수업 방식도 오래된 낡은 노트에 정리된 내용들을 읽는 방식으로 밋밋하게 진행되었기 때문이다.


## 금기를 넘어, 내 손으로 확인하기

그럼에도 불구하고 그 수업이 지금껏 내 머릿속에 강하게 남아 있는 까닭은 당시 수업을 듣던 나의 상황과 관계가 깊다. 나는 어릴 때부터 보수 중의 보수라 불리는 교단에 속한 교회에서 성장했다. 그래서 성경의 무오설, 그리스도의 동정녀 탄생, 그리스도의 대속적 죽음, 육체의 부활, 그리스도의 재림 등 근본주의 신학에 기초한 교육을 철저하게 받았다. 목사님이나 전도사님들은 이러한 근본주의 신학에 기초한 설교나 교육을 하는 가운데서도 틈틈이 자유주의 신학자들과 그들에 대한 비판을 잊지 않았다. 그 핵심은 자유주의 신학자들은 성경을 문자 그대로 믿지 않는다는 것이었다. 그래서 예수님의 동정녀 탄생이나 대속적 죽음, 예수님께서 행하신 기적, 부활과 심판도 문자 그대로가 아니라 그 의미와 윤리적 실천의 관점에서만 본다는 것이었다. 그래서 이러한 자유주의 신학자들이야말로 기독교 신앙의 가장 큰 적이라고 많이들 이야기하셨다.

나는 이러한 가르침을 굳게 믿었지만 대학생활을 하면서 자유주의 신학자들의 주장을 내 눈으로 확인해보고 싶다는 생각이 들기 시작했다. 이제 대학생이 되었으니 믿어도 알고 믿고, 비판을 해도 제대로 알고 비판해야겠다는 생각이 들었다. 자유주의 신학자들의 생각이 그 동안 내가 믿어왔던 보수적인 신앙을 흔들 수도 있겠지만, 내가 믿는 것이 진리고 참이라면 이 진리가 나를 지킬 것이라는 자신감이 있기도 했다. 그랬기에 수업을 듣는 내내 현대의 대표적인 자유주의 신학자들의 신학사상을 제대로 접해본다는 설레임과 혹 이로 인해 내 믿음이 흔들리지는 않을까 하는 긴장감이 동시에 있었던 것 같다.


보수 신학과 자유주의 신학, 무엇이 다른가?


그 수업을 통해, 그리고 이후 좀 더 관심이 가는 몇몇 자유주의 신학자들의 책을 읽으면서 정리되는 생각은 우선 '성경을 어떻게 볼 것인가' 하는 부분에서 보수 신학과 자유주의 신학의 차이가 가장 크고 선명하게 드러난다는 것이었다. 물론 보수 신학에서도 성경을 축자영감설이나 기계적 영감설이 아닌 유기적 영감설의 입장에서 보기도 하지만, 가급적 성경에 나오는 표현 자체를 하나님의 말씀으로 존중하려고 애쓰는 편이다. 그에 반해 자유주의 신학은, 물론 그 스펙트럼이 워낙 넓기 때문에 하나로 규정할 수는 없지만, 대체로 성경의 문자적 표현보다는 그 표현을 통해 전달하고자 하는 메시지가 더 중요하다고 보는 편이다. 그러다보니 메시지를 파악하기 위해 문학적이고 역사적인 분석에 몰두하게 되고, 결국 점차 하나님의 말씀으로서의 성격은 약화되고 인간이 쓴 하나의 문서로서의 성격만 부각되는 경우가 많게 된다.

또 하나는 성경해석에서 제일 중요한 부분인 인간의 타락과 죄의 본질, 예수 그리스도의 대속적 죽음과 부활, 재림과 심판 그리고 영생을 어떻게 보느냐 하는 것이다. 보수 신학에서도 이 부분과 관련한 성경적 표현을 하나의 신학적 체계로 정리하긴 하지만, 늘 그렇듯이 최대한 성경의 표현을 그대로 살리려고 노력한다. 그러나 자유주의 신학에서는 이 부분에 관한 신학적 작업을 과도하게 하다 보니 영적이고 신비적인 요소는 사라지고, 인간과 세상에 대한 체계적인 이해, 윤리적인 근거와 실천지침만 남게 되는 경우가 많다. 물론 이러한 비교 분석은 단지 경향을 말하는 것일 뿐이다. 실제로 자유주의 신학 내에서 그와 관련한 스펙트럼은 매우 넓고 다양하다.

## 신학의 두 흐름, 강점과 약점 이해하기

이렇게 자유주의 신학자들의 신학을 접하다 보니 내가 어려서부터 배우고 자랐던 보수 신학의 강점이 분명히 보이기 시작했다. 보수 신학은 자유주의 신학에 비해 학문성이나 상상력은 부족하지만, 성경이 인간에게 주고자 하는 구원과 영생의 진리를 붙잡고 있다는 면에서는 다른 무엇과도 비교할 수 없는 강점을 지니고 있다. 물론 보수 신학이 지닌 약점과 자유주의 신학이 지닌 강점도 많이 있다. 하지만 이 부분에서 보수 신학이 당당하고 자신 있게 자신이 지닌 골격 위에 자유주의 신학에서 취할 수 있는 장점을 취한다면 훨씬 더 풍성해질 수 있을 것이라고 생각했다. 다시 말해, 보수 신학이 자신의 기본 골격에 대해 분명하게 확신하면서 자유주의 신학의 다양한 신학적 작업과 성과들을 자신을 위협하는 것이 아니라 오히려 더 풍성하게 할 수 있는 자양분으로 생각할 수 있기를 바랐다.

내가 보기에 보수 신학에 비해 자유주의 신학이 지닌 제일 큰 강점은 이 세상과 역사, 인간에 대한 폭 넓은 이해가 아닌가 싶다. 보수 신학은 구원론이 중심이기 때문에 인간이 어떻게 구원을 얻을 수 있으며 구원받은 자가 어떤 소망을 가지고 어떻게 살아야 할 것인가 하는 부분에 대해서는 분명하게 답할 수 있다. 하지만 믿지 않는 자들의 삶의 의미와 이 세상 전체와 역사의 의미, 그리고 불안으로 점철된 미래에 대한 전망에 대해서는 제대로 답하지 못한다. 과연 믿음에 들어오지 않은 많은 사람들과 이 세상을 단지 '멸망'이라는 한 단어로만 설명하는 것이 타당한 것인가 하는 부분에 대해 제대로 답하고자 하는 노력조차별로 기울이지 않는다. 이에 반해 자유주의 신학은 믿는 자와민지 않는 자를 포함한 모든 인간 실존의 문제들과 그들이 함께만들어가는 역사의 의미, 그리고 이 세상을 향해 기독교가 던져야 할 희망이 무엇인지에 대해 끊임없이 묻고 이에 대해 의미있는 답들을 끌어내고 있다.

## 하나님의 품 안에서 다양함과 풍성함 누리기

내가 읽고 조금이라도 공부한 한계 내에서 말하자면, 자유주의 신학의 흐름 가운데 신정통주의 신학은 보수 신학과 접점이 많으면서도 동시에 인간과 세상에 대한 안목을 넓혀줄 수 있는 비교적 안전하고 풍성한 보고이다. 나의 경우 학부시절 라인홀드 니버에 매료되어서 그의 윤리 사상을 주제로 학부 졸업논문을 쓴 바 있다. 그리고 『신도의 공동생활』, 『나를 따르라』, 『옥중서신』과 같은 본회퍼의 저작들도 즐겨 읽었으며, 폴 틸리히의설교집에서 인간 실존에 관한 깊은 깨달음을 얻기도 했다. 또한가톨릭 신학자들의 책도 좋아하는 편인데, 그들의 저작들에서는 한편으로 영성의 부분에서 다른 한편으로 사회참여의 부분에 이르기까지 개신교의 시각에서는 볼 수 없었던 통찰력을 얻곤 했다. 특히 한스 큉의 『교회란 무엇인가?』에서는 교회에 관해 보다 깊은 통찰을 경험한 적이 있다.

개신교 보수 신학의 입장에서 발간되는 책들도 제대로 소화하지 못하면서, 심지어 성경조차 제대로 읽지 못하면서 자유주의 신학이나 가톨릭 신학을 논한다는 것은 기껏해야 사변적이고 과도한 오지랖을 발휘하는 것이 아니냐고 비판할 수도 있다. 그러나 하나님의 큰 품 안에서 좀 더 넓게 보고 다양한 맛을 보는 것도 그것 나름의 큰 유익이 있는 것 같다.

# 고전읽기와
# 세상읽기

## 사회학 고전읽기

얼마 전 두 달 동안 〈오마이뉴스〉가 개설한 "김호기 교수의 사회학 고전읽기" 강좌를 수강했다. 매주 교수님이 제시한 책을 읽은 후 그 책의 내용이 오늘 한국의 현실 가운데 주는 시사점에 대해 교수님의 강의를 듣고 질의 응답하는 방식으로 진행된 강좌는 모처럼 좀 더 넓은 안목으로 우리 시대와 우리 운동을 되돌아보게 하는 유익한 시간이었다.

8주 동안 에밀 뒤르케임의 『자살론』, 막스 베버의 『프로테스탄티즘의 윤리와 자본주의 정신』, 위르겐 하버마스의 『공론장의 구조변동』, 미셸 푸코의 『감시와 처벌』, 이매뉴얼 월러스틴의 『근대세계체제1』, 마뉴엘 카스텔의 『네트워크 사회의 도래』, 울리히 벡의 『위험사회』, 앤소니 기든스의 『좌파와 우파를 넘어서』, 이렇게 여덟 권의 책을 읽었다. 물론 엄밀한 개념과 탄탄한 논리 구조를 가진 책을 한 주에 한 권씩 읽어낸다는 것이 결코 쉬운 일은 아니었다. 그럼에도 불구하고 이러한 책들이 왜 '고

전'의 반열에 올라있는지, 이 학자들이 변화하는 우리 시대의 본질을 읽어내기 위해 얼마나 정직하게 고심했는지를 느끼기에는 부족함이 없었다. 또한 이 책들에서 저자들이 말하는 내용에 모두 동의가 되는 것은 아니었지만 그들의 사고의 지평을 따라 현대 사회의 아주 깊숙한 곳까지 뒤지고, 지금까지 한 번도 생각해보지 못했던 방식과 틀로 우리 사회의 이면을 들여다보는 것 자체만으로도 매우 흥미로운 작업이었다.


## 그 때 읽지 않았으면 평생 못 읽을 책


대학시절 들었던 많은 강의 중 가장 기억에 남는 강의는 손봉호 교수님의 〈사회와 철학〉이다. 그 과목은 숙제가 많고 수업 시간을 정확히 지키며 학점이 짜기로 유명했다. 그래서 그 과 학생들로부터 외면을 받기도 했지만 그래도 제대로 공부하기를 원하는 손봉호 매니아들이 있어서 폐강은 겨우 면하곤 했다. 내가 그 강의를 들을 당시 과제는 교수님이 제시하는 책 열 권을 읽고 서평을 제출하는 것이었는데, 그 책이라는 것이 대부분 사회과학계의 고전들이었다. 지금은 그 책들의 제목이 기억에 가물가물하긴 하지만, 플라톤의 『국가론』, 아리스토텔레스의 『정치학』, 아우구스티누스의 『신국론』, J. S. 밀의 『자유론』, 마키아벨리의 『군주론』, 홉스의 『리바이어던』, 루소의 『사회계약론』, 베르그송의 『창조적 진화』 등이 포함되었던 것 같다. 이렇게 많은 숙제를 내주면서도 "작년에는 열다섯 권 읽기 숙제를 냈었는데, 그래도 너희들은 많이 봐준 줄 알아!"라며 웃으시던 교수님의 얼굴이 지금도 떠오른다.

돌아보면, 대학생 때 고전을 읽지 않으면 평생 읽을 수 없다는 현실인식과 더불어 인문 사회 공부는 고전 속에 다 들어 있다는 것, 그리고 결국 학문이라는 것이 고전의 인식을 재해석하고 현대사회에 적용하는 것이라는 학문적 확신이 있었기 때문에, 교수님은 인기에 연연해하지 않고 학생들에게 고전읽기를 강요할 수 있었던 것 같다. 어쨌든 그 과목을 신청한 사람들은 교수님의 숙제 방식을 알고 신청했기 때문인지 몰라도 대체로 묵묵히 그 숙제를 해내었다. 특별히 나는 교수님을 단지 한 강좌의 교수님으로만 만난 것이 아니라 그 이전에 내가 활동하던 기독동아리의 지도교수, 즉 신앙의 멘토로 만났던 사이인지라 더욱 요령을 부릴 수 없었다. 그래서 잘 이해되지 않는 내용들을 이를 악물고 읽었고, 나름 충실하게 서평을 써 냈던 기억이 난다. 그리고 그때 읽었던 내용들이 지금의 내게서 중요한 지적 자양분으로 작용하고 있다.


## 모든 진리는 하나님의 진리다

일반 학생들에게도 명강으로 인기가 있었던 그의 강의에는 기독교의 '기'자도 들어가는 법이 없었다. 다만 그는 인류 사상

사를 관통하면서 핵심을 짚어내어 그것을 쉽게 설명해주고, 각 사상들의 강점과 약점을 잘 드러내주고, 어느 한 쪽으로 치우치지 않으면서도 기계적 중립이 아닌 약자에 대한 짙은 애정이 담긴 실천적인 대안들을 제시해주는 것으로 유명했다. 그의 강의에는 인류가 역사 속에서 인간과 사회와 역사를 이해하기 위해 몸부림쳤던 다양한 흔적들과 그 몸부림들에 담긴 의미와 한계들이 잘 정리되어 있었다. 덕분에 나는 그 강의를 들으면서 하나님의 형상으로 지음 받았지만 타락으로 말미암아 수많은 한계 속에 갇히게 된 인간의 실존과 그들이 만들어가는 역사를 읽는 눈을 키워갈 수 있었다.

그의 강의를 들으면서 나는 이 세상과 세상의 지혜를 두려워해서 좁은 교리의 틀에 우리를 가두고 그 한계 안에서 세상의 지혜를 난도질하는 것이 얼마나 어리석으며 또 하나님의 자녀로서 걸맞지 않은 행동인가 하는 생각을 많이 했다. 오히려 하나님께서는 이 세상을 만드시고 지금도 이 세상과 역사를 다스리는 분이심을 믿는다면 세상의 지혜와 담대하게 부딪혀서 지적으로 정직하게 싸울 수 있어야 한다고 생각했다. 그리고 세상이 자랑하는 지혜라 할지라도 거기에는 그들이 미처 깨닫지 못하는 하나님의 흔적, 하나님의 지혜가 있을 수 있음을 발견하고, 언제나 겸손하고 애정어린 마음으로 그들의 한계를 품고 조언하는 태도를 가질 수 있어야 한다고 생각했다.

"성경만 읽지 말고 소설도 읽어라"

기록된 계시로서 성경의 권위는 그 무엇과도 비교할 수 없는 최고의 권위이지만, 하나님의 계시는 그러한 성경을 넘어 하나님께서 만드신 세계와 인간, 그리고 사회 가운데에도 새겨져 있다. 따라서 우리는 성경의 기준으로 이러한 일반은총 속에 새겨진 하나님의 계시를 잘 분별할 수 있어야 한다. 그러나 이와 동시에 창조세계 속에 새겨진 일반은총을 충분히 궁구함으로써 성경의 계시를 실증하고 더 풍성하게 드러내는 일에도 그에 못지않게 힘써야 한다.

대학시절에 같은 기독동아리 활동을 하면서 함께 하숙했던 한 친구*는 "병오야! 성경만 읽지 말고 소설도 좀 읽어라." 하는 말을 자주 했었다. 물론 당시 '오직 말씀'만을 외치며 단순한 믿음 가운데 눕자말자 바로 잠을 잘 수 있는 하나님의 사랑을 만끽하던 나에게, 소설을 읽다가 울기도 하고 김현승의 시 한 편을 읊조리며 밤 거리를 배회하기도 하고 성경 한 절 한 절에 걸려 밤잠을 설치며 괴로워하던 그는 믿음 없는 사람으로만 보일 뿐이었다.

하지만 그 친구 덕분에 성경과 더불어 박완서의 소설을 읽으

---

* 그는 현재 숭실대학교와 기독연구원 느헤미야에서 가르치는 권연경 교수이다. 그는 『행위 없는 구원?』, 『네가 읽는 것을 깨닫느뇨?』(이상 SFC), 『로마서 산책』(복있는사람), 『위선』(IVP) 등의 책을 출간하면서 '믿음으로 산다는 것의 의미' 및 '올바른 성경 읽기'와 관련해 활발한 저술과 강연 활동을 하고 있다.

며 그 속에 담긴 인간 본성에 관한 실제적인 모습을 생생하게 느낄 수 있었고, 박경리나 조정래의 소설을 읽으며 시대를 살아가는 인생의 다양한 모습을 애정 어린 눈으로 볼 수 있는 안목을 갖게 되었다. 뿐만 아니라 동시대의 철학과 역사, 사회학에서 진행되는 고민들과 틀을 가지고 세상을 바라보면서 이러한 시대에 하나님 나라가 어떻게 구현될 수 있는지 고민하는 힘도 갖게 되었다.

## "공부하십시오, 또 공부하십시오"

칼 바르트가 "한 손에 성경을, 한 손에 신문을"이라고 했을 때, 그 신문은 세상과의 접촉점을 말하는 것이다. 하나님의 백성이 이 세상 가운데서 하나님의 나라를 살아내기 위해서는 말씀과 기도, 교회가 기본이 되어야 하지만, 그렇다고 세상 속에서 세상 사람들과 어울리는 것이나 세상의 학문과 담론, 생각과 흐름을 무시해서도 안 된다. 이것은 단지 그들을 구원하고 전도하기 위해서만 필요한 것이 아니다. 그것 이상으로 그 속에 하나님의 형상과 지혜, 계시가 숨어있기 때문이며, 또한 그것들이 하나님 안에서 온전히 회복되는 것이 하나님 나라를 완성하는 데도 중요한 부분이 되기 때문이다.

우리 시대 또 한 명의 기독지성인의 사표師表라고 할 수 있는 이만열 교수님은 젊은 시절 우리만 보면 "공부하십시오, 또

공부하십시오. 다시 한 번 강조하는데 공부하십시오." 하는 말을 자주 하셨다. 물론 그가 강조했던 공부가 학자가 되어 학문을 전공하는 것만을 말하는 것은 아니었을 것이다. 그보다 제대로 살기 위해서 그리고 더 사랑하기 위해서 틈나는 대로 성경만이 아니라 이 세상의 학문과 지혜를 배우는 일에도 게으르지 말아야 한다는 것이었을 게다.

# 거룩한
# 사치

## 내가 하고 싶은 것을 마음껏 할 수 있다면?

쓸데없는 상상인 줄 잘 알면서도 가끔 나는 '지금 내게 모든 생계의 부담과 사회적 책임의 짐이 없어지고 하고 싶은 것을 마음껏 할 수 있는 자유가 주어진다면, 나는 무엇을 할까?' 하고 생각할 때가 있다. 이런 생각을 할 때마다 늘 일순위로 떠오르는 것은 성경공부를 마음껏 해보는 것이다. 여기서 성경공부란 본문을 놓고 그것의 원어를 비롯해 여러 가지 번역본, 성경사전, 성경지도 등을 참고하면서 직접 본문의 의미를 깊이 있게 찾아내는 것이다. 하지만 이를 위한 기초지식이 부족하고 열정도 부족한 나로서는 이런 성경공부는 그야말로 꿈같은 일이다. 현 상황에서 내가 생각할 수 있는 성경공부는 성경본문과 그 배경을 깊이 연구함으로써 본문의 의미들을 다양한 측면에서 접근한 연구서들을 폭넓게 읽으며 거기에 빠지는 것이다.

이러한 소망이 단순한 공상만은 아니라는 것은 평소 나의 독서습관을 통해 증명할 수 있다. 나는 대중교통을 이용하기 때문에 아무리 바빠도 출퇴근 시간을 포함해 하루 한 시간 이상은 독서하는 데 사용한다. 물론 간혹 일찍 퇴근하는 날에는 한 두 시간 더 독서할 수 있다. 그런데 이러한 독서시간에 읽는 책의 6~70%가 성경본문 연구서들이다. 그리고 미처 다 읽지 못하고 쌓아두는 책을 포함해서 내가 구입하는 책의 비율도 이와 비슷하다.


## 평신도가 성경을 연구해 뭐 할 거야?

그래서 어떤 사람들은 이런 내 모습을 보고는 목회할 거냐고 묻기도 한다. 하지만 성경본문 연구를 좋아하는 것과 목회의 길에 들어서는 것 사이에는 몇 단계의 비약이 존재한다고 생각한다. 물론 나는 틈틈이 읽은 성경본문 연구서들을 기반으로 해서 내가 묵상한 본문들을 다른 사람들과 나누는 것을 좋아한다. 그래서 기독교사들의 모임에서 정기적이든 부정기적이든 말씀을 전할 때 큰 기쁨을 느낀다. 하지만 내가 전하는 말씀은 기본적으로 건강한 신학자들의 본문연구에 기반한 것이다. 물론 내 나름으로 최선을 다해 본문의 문맥을 살피고 현실에 적용한 것이긴 하지만, 성경의 원어를 살피는 일과 같은 성경연구의 중요한 부분이 빠진, 한계가 있는 설교임은 분명하다. 그렇기 때문에 정식으로 신학을 공부하고 목회와 설교에 전념해 이런 부분들을 극복하고 싶은 마음도 있다. 하지만 그것이 나의 부르심이라는 확신이 없을 뿐 아니라 지금까지 걸어왔던 교사로서의 소명이 끝나지 않았는데 다른 길로 갈 수는 없는 일이다.

이렇게 말하면 또 다른 질문이 들어온다. "만약 목회가 당신의 부르심이 아니고, 교사와 교육운동가가 당신의 주된 부르심이라면 당신의 시간 중에서 성경본문을 연구하고 관련된 책을 읽는 데 쏟는 시간과 에너지가 너무 과한 것이 아닌가?" "당신의 여분의 시간과 에너지를 교육이나 교과와 관련된 일에 더 많이 쏟아야 하지 않는가?" "당신이 성경본문 연구서에 많은 시간과 에너지를 쏟는 것은 소명이 분산되는 것이고, 어떤 의미에서 영적인 사치가 아닌가?" 이런 질문들은 다른 사람들만이 아니라 가끔 나 자신도 스스로에게 던져보는 질문들이다. 하지만 실제로 나는 학교에서의 정규적인 근무시간만이 아니라 내 삶의 거의 대부분의 시간과 에너지를 교육과 관련된 일에 온통 투자하고 있다. 내가 성경본문 연구에 쏟는 시간들은 그야말로 자투리 중의 자투리 시간일 뿐이다. 내 삶의 전체 시간의 비율로 보더라도 나는 그야말로 최소한의 여가 시간을 성경본문 연구에 사용하고 있는 것이다. 그것도 가능하면 절제하려고 노력한다.


영적 유희, 그래도 의미가 있다면?

그런데 비록 성경본문 연구와 관련된 신학서적을 읽는 것이 내 삶에서 많은 시간이나 중요한 시간을 차지하지 않는다 하더라도, 실제로 그것이 내 삶에서 영적인 실천이나 성화를 위한 분투와 관련해 얼마나 본질적이고 핵심적인 것인가 하는 문제에 관해서는 생각해볼 여지가 있다. 다시 말해, 성경본문 연구와 관련된 신학서적을 읽는 시간에 차라리 기도를 더하거나 성경읽기 및 묵상, 암송을 더하거나 전도를 더할 수도 있지 않겠냐는 것이다. 더군다나 성경본문 연구와 관련된 신학서적을 읽는 것은 영적 또는 지적 유희만 주고, 내 마음과 귀를 높여 교만하게 하거나 다른 사람을 판단하게 하는 것으로 작용할 수도 있다.

물론 이런 측면들이 없다고 말할 수는 없다. 하지만 그럼에도 불구하고 내가 성경본문 연구와 관련된 신학서적들을 읽는 것을 '영적 사치'가 아닌 '거룩한 사치'라고 부르면서 지속하는 이유는 이런 독서가 내게 많은 생각을 하게 해주기 때문이다. 이런 독서는 성경의 본문을 현재의 시점에서 문자 그대로 읽으면서 모든 내용을 영적으로 또는 은혜의 수단으로 정당화하는 것을 허락하지 않는다. 그보다는 성경의 본문을 처음 받았던 사람들원래의 독자들의 시대와 삶으로 나를 데려가준다. 그래서 그들의 시대와 삶의 현장 한 가운데서 그 말씀에 다양한 형태로 반응했던 그들의 입장에서 상상하게 해준다. 이러한 상상들은 많은 '은혜'가 되지 않을 수도 있겠지만, 적어도 말씀대로 살지 못하는 인생의 본질과 그럼에도 불구하고 인내하시는 하나님의 사랑에 관해 보다 다양한 차원에서 생각할 수 있게 해준다. 이렇게 성경의 본문 속으로 깊이 들어가 인생과 세상을 들여다보고 공감해보는 경험들은 결국 나 자신을 돌아보게 할 뿐 아니라, 교사로서 어떻게 살아야 하고 교육은 무엇을 추구해야 하는지에 대해서도 많은 생각을 할 수 있게 해준다.


## 내게 허락되지 않은 은혜

이렇게 성경본문 연구와 관련된 신학서적 읽기가 내 삶에 주는 유익이 크고 거기에 빠졌을 때의 기쁨이 크기 때문에 나는 이러한 책을 조금 읽다가 덮어야 하는 상황이 늘 감질난다. 그래서 며칠이든 몇 달이든 여기에만 푹 빠지고 싶은 생각을 자주 하게 되는 것 같다. 이러한 나의 생각이 하나님 보시기에도 기뻐할 만한 것일 텐데도 하나님께서는 내가 이 일에 지금 이상의 시간과 에너지를 쏟는 것을 원하지 않으시는 것 같다. 그보다는 많은 문제와 모순 덩어리로 뒤엉키고 신음하는 학교라는 직업의 현장에서 이상에 한참 미치지 못하는 현실을 살아내는 데 대부분의 시간과 에너지를 쏟게 하시는 것 같다. 그리고 도무지 변하지 않을 것 같은 교육 고통의 현실 속에서도 포기하지 않고 힘이 닿는 작고 사소한 부분들을 붙들고 더 열심히 싸우기를 원하시는 것 같다.

다른 사람은 모르겠지만 최소한 나의 경우에는 성경본문과 씨름하고 그 연구의 성과들을 누리는 것보다 학생들과 씨름하고 한국 교육의 모순과 씨름하는 것이 더 거룩한 일이라고 말씀하시는 것 같다. 성경본문 연구와 관련된 신학서적을 읽고 그 속에서 삶에 대한 새로운 안목을 발견하고 그것을 다른 사람들과 나누는 일은, 지금 내게는 지금처럼 양념과 같이 존재할 때 오히려 더욱 풍성하게 하나님 나라의 맛을 내는 데 기여할 수 있다고 말씀하시는 것 같다. "내 은혜가 네게 족하다"라는 말씀에 모두 수긍하는 것은 아니지만, 지금까지 살아오면서 경험했던 하나님의 큰 지혜와 경륜 안에서 생각할 때 이 말씀 앞에 굴복하지 않을 수 없다.

## 지금 주어진 한계 가운데서

삶의 다른 부분들에서도 늘 느끼는 것이지만 '이런 조건이 갖추어지면 이런 것을 할 텐데'라고 생각하는 것은 참 부질없는 것이다. 다만 지금 주어진 상황의 한계 가운데서 할 수 있는 만큼 최대한 실천하는 것이 최선의 삶이다. 물론 그렇게 해도 상황이 여의치 않으면 점차 시들게 되는 것도 많지만, 그래도 그렇게 해야만 그 가운데서 무언가 틈이 생기고 기회가 생기기도 한다. 사실 지금 내가 갈급해하는 성경본문 연구와 관련해서도 대학시절과 결혼 후 아이가 생기기 전 시간까지는 어느 정도 시간을 낼 수 있었다. 헬라어를 배울 수 있는 기회도 있었고 영어도 좀 더 공부할 기회가 있었다. 다만 내가 그런 기회들을 흘러보냈을 뿐이다.

그러므로 이제는 그런 실수를 반복하지 않으려고 한다. 다시 말해, 지금 내게 주어진 삶의 한계 가운데서 성경본문을 더 깊이 연구하고자 하는 욕구가 있고 아주 작은 시간이라도 그런 시간을 낼 수 있음에 감사하고 이를 최대한 누리려고 한다. 다만 한 가지 아쉬운 것은 갈수록 그 좋던 시력이 조금씩 떨어지면서 눈이 점점 침침해진다는 것이다.

# 다시 말씀묵상의
# 바다에 빠지다

## 말씀묵상을 글로 정리해 나누다

요즘 매일 아침 말씀을 묵상한 것을 글로 정리해서 가족 단 톡방, 페이스북과 교회 홈피 등에 올리고 있다. 처음에 말씀을 묵상한 것을 글로 정리해야겠다고 생각하게 된 것은 가족들의 생애 주기의 변화에 따른 대응 차원이었다. 자녀들이 자라서 청 년대학생이 되고 막내도 고등학교 3학년이 되니 가족기도회 시 간을 확보하기가 어려워졌다. 처음에는 밤 열한 시에 맞춰서라 도 매일 해오던 가족기도회를 이어가려고 했다. 그런데 자녀들 의 개인 일정이 제각각이다 보니 밤 열한 시 귀가 시간을 맞추 지 못하는 경우가 많게 되었다. 무엇보다 내 나이가 오십을 훌 쩍 넘기다보니 저녁식사 후에 쏟아지는 잠을 억제하지 못하고 그냥 쓰러져 잠드는 경우가 많아졌다. 현실적으로 가족기도회 는 주일 저녁에 한 번 정도밖에 할 수 없게 되었다.

사실 자녀들이 어느덧 청년, 대학생, 고등학생이 되어 스스로 부모로부터 독립할 나이가 되었지만, 부모의 입장에서 보면 아직도 영적으로 굳건히 서 있지 않은 것처럼 보였다. 더군다나 이 시기는 진학, 취업, 결혼 등 인생에서 중요한 관문들을 통과하는 때이고, 따라서 더 많은 기도와 영적 분별력, 믿음의 싸움이 필요한 시기라고 생각했다. 그런데 자녀들에 대한 부모의 영향력은 점점 줄어들고, 또 비록 부모로서 뒤에서 더 많이 기도하긴 하지만 인생의 선배로서는 그들이 하나님의 말씀 위에서 자신의 삶의 고민과 진로를 위해 씨름하는 데 별로 도움이 되지 못하는 상황이 되었다. 여기에 매일 드리던 가족기도회도 못하게 되니 그런 기회는 더욱 줄게 되었다. 그래서 생각한 것이 매일 말씀을 묵상한 것을 가족 단톡방에 올려서 자녀들이 말씀으로 자신의 삶의 문제들을 풀어가는 데 조금이나마 도움을 주자는 것이었다. 그리고 이왕 말씀묵상을 글로 정리했으니 이를 교회나 페이스북 친구들과 나누는 것도 좋겠다고 생각한 것이다.


## 말씀묵상과 나눔의 추억


이렇게 매일 빠짐없이 말씀묵상을 글로 정리하다 보니 처음 말씀묵상을 배우던 대학시절이 많이 생각났다. 처음 대학에 입학한 후 가입한 기독동아리에서는 매일 아침 8시 20분에 모여 삼십분 정도 아침기도회를 가졌다. 선후배들과 같이 본문 말씀을 읽고 서로 묵상한 내용들을 나누고 그 내용을 가지고 함께 기도하는 시간은 그야말로 내게 꿀같은 시간이었다. 돌아보면

대학에 입학해서 졸업할 때까지 아침기도회에 거의 빠진 적이 없었던 것 같다.

특별히 한국성서유니온 초대 총무를 역임했던 윤종하 총무님과의 만남은 우리의 말씀묵상과 나눔을 한 단계 도약하게 해주는 계기가 되었다. 대학교 1학년을 마친 겨울방학 때 잠실역 근처의 한 교회당을 빌려 기독동아리 겨울수련회를 했는데, 마침 그 근처에 살던 윤종하 총무님은 사일 동안 매일 새벽에 오셔서 성경묵상의 원리와 그것의 구체적인 적용방법에 관한 워크숍을 인도해주셨다. 이후 윤 총무님은 우리 동아리의 전체 모임이나 수련회에 단골 강사로 오셔서 말씀묵상 뿐 아니라 개인 성경공부, 하나님의 인도를 받으며 교제하는 삶, 성경을 어떻게 읽고 해석해야 하는지 등에 대해 주옥같은 말씀들을 해주셨다. 이런 훈련들 덕분에 대학교 사년 동안 나는 말씀을 보는 시각을 갖게 되었고 말씀을 묵상하는 맛에 푹 잠길 수 있었다. 그리고 그때의 경험은 이후 나의 삶 전체에서 가장 고귀한 자산이 되었다.

## 말씀에서 기도로, 영성의 중심 축 이동

그런데 이러한 말씀묵상의 풍성함이 대학교를 졸업한 후에는 잘 이어지지 못했다. 물론 개인적으로 매일 아침 말씀을 읽고 묵상하는 일은 거의 빠지지 않고 해왔다. 하지만 대학생 때와 같이 아침기도회로 모여 내가 묵상한 것을 내 입술로 고백하고 나누는 과정이 없다 보니 아침에 묵상한 말씀이 내 마음에 새겨지지 못하고 그냥 흘러가는 경우가 많았다. 그리고 시간이 지나면서 직장 일은 물론이고 가정 일도 자녀들이 태어나면서 기하급수적으로 늘어나기 시작했다. 그러다 보니 아침 말씀묵상 시간이 점점 축소되었고 급기야 출근길 지하철이나 버스 안에서 말씀을 읽는 데 급급하게 되었다. 그런 상황에서 깊은 묵상이 될 리가 없었다.

또 한 가지 변화는 내 영성의 중심이 말씀묵상에서 기도로 옮아가기 시작했다는 것이다. 살아가면서 현실의 삶을 감당하기가 점점 버거워지고 여러 곳에서 책임의 무게가 무거워지면서 나의 한계와 무능력도 점점 분명하게 드러나기 시작했다. 그런데 내가 직면한 현실의 절박함에 비해 말씀은 즉각적으로 응답해주지 않았다. 그렇다고 말씀을 아전인수 식으로 적용할 수는 없는 노릇이었다. 반면, 기도는 언제 어디서든 나의 절박함을 즉각적으로 아뢸 수 있는 장점이 있었다. 그래서 새벽이든, 밤이든, 출퇴근길이든, 그리고 교회당에서든, 집에서든, 학교 내 조용한 공간에서든, 길 위에서든 이야기하고 부르짖고 호소할 수 있었다. 물론 말씀묵상과 기도는 뗄 수 없는 관계이다. 말씀을 묵상한 것을 가지고 기도하는가 하면, 기도하면서 말씀을 떠올리기도 하는 것이다. 하지만 어쨌든 나의 영적 중심은 기도 쪽으로 더 기울고 있었다.

## 자투리 시간에 반복해서 읽으며 질문하기

그러다가 얼마 전부터 말씀묵상을 글로 정리하고 이것을 가족 단톡방과 페이스북을 포함해 몇 가지 매체에 올리면서 마치 대학시절 아침기도회에서 내가 묵상한 말씀을 다른 사람들과 나눌 때처럼 말씀이 내 속에 새겨지는 것을 경험하고 있다. 말씀묵상은 묵상 그 자체만으로는 그냥 흘러가는 것이 되기 쉽다. 그보다는 글이든 말이든 자신의 몸을 통해 고백되고 표현될 때 몇 배 더 강력하게 자신에게 새겨지게 된다. 더군다나 페이스북에 말씀묵상을 올리다 보니 나와 같은 본문으로 묵상하면서 매일 그 내용을 페이스북에 올리는 동역자들도 만나게 되었다. 그들과 말씀묵상 글을 나누면서 다시금 대학시절 아침기도회 때 묵상을 나누며 은혜가 배가 되던 때의 느낌을 받고 있다.

물론 매일 말씀을 묵상하고 그것을 글로 정리하는 것은 시간을 꽤 필요로 한다. 그렇지만 현실적으로 여기에 많은 시간을 투자할 만큼의 여력이 내게는 없다. 그래서 생각해낸 것이 정한 시간에 말씀묵상을 깊이 하는 것보다 틈나는 대로 반복해서 하는 것이다. 다시 말해, 아침에 일어나서 본문 말씀을 읽고 출근길에도 읽고 퇴근길에도 읽고 자기 전에도 읽는 것이다. 여유가 있을 때는 당일 본문만이 아니라 다음 날 본문까지 미리 읽어보기도 한다. 읽으면서 계속해서 행하는 작업은 '질문 던지기'이다. "하나님께서는 왜 이렇게 말씀하실까?" "다른 본문에서는 이렇게 말씀하셨던 것 같은데 여기서는 왜 이렇게 말씀하실까?" "이 사람은 하필 이렇게 행동<sub>반응</sub>했을까?" "왜 이 부분은 별로 중요하지 않은 것 같은데도 이렇게 강조하고 있을까? 반면, 이 부분은 정말 궁금한데 생략되었을까?" "이 본문은 기록될 당시에는 무슨 의미였을까? 그리고 오늘날에는 어떤 의미가 있을까?" 등의 질문을 끝없이 던져본다.

이렇게 반복해서 읽으며 질문을 던지다 보면, 처음에는 보이지 않거나 막연하던 것들이 나중에 보이게 되고 깨달아지게 된다. 어떤 때는 이어지는 본문의 문맥과 흐름 가운데서 얻게 되는 통찰도 있다. 그렇게 얻은 통찰을 글로 정리한다. 그런 다음 그것을 마음에 새기고 기도한다. 글로 정리하는 것도 굳이 정한 시간이나 조용한 공간일 필요는 없다. 집에서도 쓰고 출퇴근길의 지하철에서도 쓰고 학교에서 일하다가 잠시 쉬는 시간에 쓰기도 한다. 스마트폰의 편리함을 마음껏 활용하는 것이다.


## "내가 이 일을 정말 좋아하는구나"

이렇게 말씀을 묵상하고 글로 정리하고 나누는 일을 하다 보니 이 시간이 내게는 너무 좋다. 그리고 이것이야말로 내가 참 좋아하는 일이구나 하는 생각을 많이 한다. 비록 여러 여건상 이 일에 집중된 시간을 내지는 못하지만, 그래도 이만큼이라도 시간을 내어 말씀을 보고 마음껏 질문하며 하나님과 교제하고 이것을 마음에 새기고 주변 사람들과 나눌 수 있으니 얼마나 감사한 일인가! 이왕 시작한 이 일을 좀 더 지속적으로 좀 더 깊이 있게 할 수 있기를 기도한다. 또한 이 일 가운데 하나님의 은혜가 가득하고 복이 넘치길 기도한다.

# 비진리에 대응하는
# 진리의 전략


## 얄밉도록 사역을 잘 하는 이단

대학교 3학년 때였다. 그때 나는 한 기독동아리의 대표를 맡고 있었다. 요즘도 그렇지만 당시에도 캠퍼스에는 이단이 많았다. 그들은 보통 많은 물질적인 혜택과 따뜻한 관계를 통해 학생들에게 개인적으로 접근했을 뿐 아니라, 당시 대학생들이 고민하던 시대적 문제에 학술적인 형태로 접근하기도 했다. 나는 그들이 이단이라는 것을 확실하게 알고 있었기 때문에 그들이 하는 모든 행동들에 담긴 의도들을 볼 수 있었지만, 일반 학생들은 그저 가난한 학생들을 도와주는 장학사업, 외로운 학생들에게 힘이 되어주는 상담사역, 시대의 고민에 대해 또 다른 대안을 제시하는 학술사역으로만 볼 뿐이었다. 그랬기 때문에 일반 학생들에게는 이단이 매력적이었고 또한 그러한 접촉점을 통해 기꺼이 이단의 멤버로 가입해갔다. 정말이지 그들은 얄밉도록 일반 학생들과 접촉점을 잘 유지하면서 지혜롭게 사역했다.

언젠가 이 동아리가 캠퍼스에서 활동할 수 없도록 동아리

연합회에서 제명하는 방법도 시도해보았다. 하지만 그리스도인이 아닌 일반 학생들은 그 동아리가 지닌 교리적인 이단성이나 종교적인 부도덕성 외에 그들이 실제로 캠퍼스 동아리로 존재해서는 안 될 구체적인 이유와 증거를 달라고 요구해왔다. 더군다나 당시 기독교 계통의 동아리에는 열개 이상이 등록되어 있었지만 실제로 동아리 연합회 회의에 꾸준히 참석하며 활동하던 동아리는 내가 속한 동아리를 포함해 한두 개밖에 되지 않았다. 반면, 그 이단 동아리는 동아리 연합회 활동에 매우 열심히 참여하고 있었다. 이런 상황에서 그 동아리를 제명해야 한다는 주장이 먹힐 리가 없었다.

## 막말 엽서를 보내다

하루는 학교에 갔는데 그 동아리가 학생회관 로비에서 자료 전시 및 홍보 활동을 하고 있었다. 학생들이 개인적으로나 시대적으로 고민하는 문제를 펼쳐놓고 찾아오는 학생들을 상담하고 자료를 제공해주는 그런 자리였다. 순간적으로 분노가 솟구쳐 올랐다. 그 분노는 한편으로는 이렇게 자신의 정체를 숨기고 영혼들을 유혹하는 자들을 향한 것이었고, 다른 한편으로는 진리를 가진 우리가 이런 방식으로 캠퍼스 친구들에게 다가가야 하는데 그러지 못하고 오히려 이단들이 그 자리를 차지하도록 내어준 우리 자신을 향한 것이기도 했다.

순간 그들이 하고 있는 일들에 대해 보다 자세하게 알아야 겠다는 생각이 들었다. 그래서 그들에게 가서 몇 가지 질문도 던져보고 또 몇 가지 내용에 대해서는 논쟁도 했다. 그러다가 열을 받아서 소리를 높이기도 했다. 결국 그들이 주는 몇 가지 자료들을 받아왔는데, 자료 맨 뒷면에 궁금한 내용을 물어볼 수 있는 반송용 엽서가 붙어 있었다. 아직 그들에 대한 분노와 논쟁의 열기가 남아 있던 터라 그때의 감정을 그 엽서에 써 내려갔다. 그 내용은 아주 심한 쌍욕은 아니지만, "이놈들아 제발 정신차려라! 자신들만 거짓에 빠져있는 것이 아니라 다른 사람들까지도 거짓에 빠뜨리는 이 나쁜 놈들아!"라는 것이었다. 그리고 그것으로 끝이었다.

## 쥐구멍이라도 있으면 숨고 싶었다

그런데 며칠 후 같은 동아리에서 활동하는 친구 하나가 내게 이단 동아리에 막말 엽서를 보낸 적이 있냐고 물어왔다. 알고 보니 이단 동아리 회장이 그 친구와 같은 과 친구였다. 그래서 내 편지를 받은 이단 동아리 회장이 그 친구에게 나에 관해 물어온 것이었다. 그리고 그 친구에게 내게서 받은 엽서 이야기를 했다는 것이다.

그 친구는 자신도 그 이단에 대해서 반대하고 어떤 식이든 그 이단의 활동을 막고 싶은 마음은 굴뚝같지만, 그렇다고 나와 같이 막말 엽서를 보내는 방식은 곤란하다고 이야기했다. 그는 이단 동아리 회장을 맡고 있는 친구가 비록 지금은 이단에 빠져 있긴 하지만 인간적으로는 매우 점잖고 합리적인 성품의 소유자라고도 말했다. 그러면서 그가 이단에 빠진 지는 이년 정도밖에 되지 않았을 뿐만 아니라 그도 처음에는 마음 깊은 곳에서부터 참된 진리를 찾고자 하는 갈망이 있었는데, 그 갈망 때문에 잠시 이단에 미혹되었을 뿐이지 언제든 그 이단에서 빠져나올 수 있지 않겠냐고 내게 도전했다. 더불어 이단을 향해 나와 같은 태도를 보이는 것은 오히려 이단에 빠진 사람들로 하여금 그 마음을 완악하게 하고 정통 기독교에게 마음을 닫게 만들 뿐이라고 나를 설득했다.

## 나는 진리의 힘을 믿고 있는가?

그 친구와 이야기하면서 나는 얼굴이 화끈하게 달아올랐다. 쥐구멍이라도 있으면 숨고 싶은 심정이었다. 그것은 단지 내가 썼던 막말 편지 때문만이 아니었다. 그보다는 진리를 소유하고 있다는 사람이 그에 맞게 당당하지 못했던 것, 그리고 진리에 서 있지 못한 사람을 불쌍히 여기며 부드럽고 겸손한 자세로 대하지 못했던 것에 대한 부끄러움 때문이었다. 나의 행동은 기독교의 본질이나 그 진리의 광활함을 전혀 보여주지 못한 행동이었다. 아니 그것은 자신이 소유한 진리의 힘을 확신하지 못하고 이단에 대한 두려움을 표현한 것이나 마찬가지였다.

물론 잘못된 진리로 세상을 미혹하는 이단들의 활동에 분노하고 어떻게 하든 그들의 활동을 막으려는 선한 열정은 분명 소중한 것이었다. 하지만 나는 내 속에 있는 그런 열정을 바르게 표현하는 방법을 모르고 있었다. 아니 무엇보다 내게는 내가 소유한 진리를 내가 지키지 않으면 지킬 수 없을 것이라는 두려움이 있었다. 이는 복음의 진리와 그것의 주인이신 하나님에 대한 참된 믿음이 없었기 때문인지도 모른다.

이와 더불어 또 한 가지 내게 없었던 것이 있었는데, 그것은 선교에 대한 관점이었다. 다시 말해 예수님을 믿지 않는 사람들, 온갖 비진리 속에 거하는 사람들, 심지어 참 진리를 무너뜨리려는 거짓 영에게 지배받는 사람들, 사실 그들은 어쩌면 두려움에 사로잡힌 사람들이요 참된 진리를 추구하지만 그것을 찾지 못하고 왜곡된 진리에 빠져 있는 사람들일지도 모른다는 관점이 내게는 없었다.

사실 그들이 붙들고 있는 비진리들의 허상을 드러내고 참된 진리를 알게 하기 위해서는 정말 그들의 깊은 곳에 있는 두려움과 진리에 대한 갈망을 품어주는 자세로 접근해야만 했다. 나아가 복음이 지닌 가장 온유하고 겸손한 자세로 그들을 하나님의 형상으로 대하면서 그들이 관심을 보이며 이해할 수 있는 합리적인 언어로 그들과 대화함으로써 복음만이 진정 그들이 바라는 것이요 그들의 갈망을 채워줄 수 있는 것임을 보여주어야만 했다.

## 비진리와 세상을 부끄럽게 할
## 실천의 전략은 무엇인가?

최근 들어 한국 교회의 일각에서 비기독교적인 여러 사회의 제도들, 정책, 문화들과 적극적으로 힘의 싸움을 하는 것을 볼 수 있다. 사립학교법, 차별금지법, 학생인권조례, 레이디 가가 공연 등이 그렇다. 그들이 이러한 법이나 정책, 문화에 스며들어 있는 동성애를 옹호하는 요소나 복음전파를 제한하는 요소 등에 맞서 성경적인 가치관을 옹호하는 한편 그런 요소들을 제거하려는 열정은 충분히 인정할 만하다.

하지만 그들이 활동하는 방법에서까지 기독교의 진리를 온전히 드러내는 것이었으면 하는 아쉬움도 크다. 다시 말해, 비진리로 진리에 맞서려는 제도들이나 정책, 문화들에 대해 좀 더 겸손한 자세로 그들의 주장에 귀 기울이고, 나아가 그들이 이해하고 납득할 수 있는 방식으로 그들과 대화할 수 있어야 한다는 것이다. 다종교 사회에서는 다양한 주장들이 공존할 수밖에 없다. 따라서 우리는 이 사회에 공존하는 다양한 주장들과 우리가 지닌 진리를 어떤 방식으로 조화시킬 수 있을지 논의하려는 자세를 가져야만 한다.

그렇지 않고 지금 당장 힘을 동원해서라도 그들의 비진리를 막지 못하면 내가 소유한 진리가 무너질 것이라는 생각은 인간적인 조급함에서 비롯된 것일 뿐이다. 그보다 우리는 진리의 주인이시며 또한 진리 그 자체이신 하나님의 전능하심을 믿고 좀 더 당당하고 관용하는 자세를 보일 필요가 있다. 그럼으로써 비진리와 세상을 부끄럽게 하고 결국 그들이 스스로 굴복하도록 하는 방식을 진지하게 고민할 필요가 있다.

# 하고 싶은 일,
# 주어진 일

13년 전쯤인 것 같다. 한국성서유니온 초대 총무로 15년간 1972~1986년 일하면서 한국 교회 성경묵상 훈련의 토대를 닦은 윤종하 총무님이 소천하셨을 때였다. 그가 장로로 섬기던 광야교회 주최로 조촐한 추모예배가 열렸는데, 그때 손봉호 교수님이 조사를 하면서 하셨던 말 가운데 한 구절이 지금도 내 머리 속에 강하게 남아 있다.

> "저는 단호하지가 못해서 제가 하고 싶은 일보다는 제게 주어진 일을 하고 살았지만, 윤 선배님은 자신이 하고 싶은 일을 하며 사셨습니다. 그런 의미에서 저는 윤 선배님이 부럽습니다."

## 위대한 성경교사 윤종하와 그 영향력

그 이야기를 듣고 있는데 고故 윤종하 총무님의 삶이 주마등처럼 스치며 지나갔다. 그는 대학교를 졸업한 후 목회자가 되려 했으나 건강상의 이유로 신학대학원에 진학하는 것이 좌절되자 이후 다른 일을 하면서 성경공부와 신학공부를 꾸준히 해왔다. 그러다가 삼십대 중반에 성서유니온 한국지부가 설립될 때 초대 총무로 부름을 받았다. 당시 한국 교회는 부흥회 중심의 신비주의적 성향이 강했고 기도의 뜨거움은 있었지만 말씀을 깊이 묵상하고 그것을 통해 하나님과 깊이 교제하는 일에는 취약했다. 따라서 종교적인 열심을 넘어 일상에서 하나님의 인도하심을 받고 그분의 뜻에 따라 살아가는 신앙의 전환이 절실히 요구되는 상황이었다.

지금이야 큐티가 보편화되었고, 어떤 의미에서는 큐티잡지가 그나마 돈 되는 책이라는 인식이 퍼져 수많은 큐티잡지가 나와 있지만, 『매일성경』이 처음 발행되었던 1973년 당시에 큐티란 그야말로 생소한 개념이었다. 그래서 그는 『매일성경』 잡지를 들고 전국 서점과 교회, 선교단체를 돌아다니며 책을 보급하면서 큐티의 중요성과 그 방법론을 강의하고 훈련했다. 뿐만 아니라 그는 평신도 성경교사로서 성경을 연구하고 가르치는 사역도 함께 병행했다. 그의 큐티 강의와 성경 강의는 너무도 탁월해 강의를 듣는 성도들에게 신앙의 새로운 지평과 성경을 보는 눈을 열어주었다. 1970년대 중반부터 1990년대 중반까지 대학교 기독동아리에서 훈련을 받았던 그리스도인 가운데 윤종하 총무님의 영향을 직접 혹은 간접적으로 받지 않는 사람이 몇 명이나 될까? 당시 윤종하 총무님을 통해 말씀을 보는 눈을 뜬 사람들이 지금은 40대에서 60대가 되어 어떤 사람들은 목회자로, 더 많은 사람들은 평신도로 자신의 삶의 영역 가운데서 말씀을 적용하며 누리거나, 연구하며 가르치는 삶을 살고 있다.

50대 초반 그의 가르침 가운데 십일조나 주일의 개념 등이 기존 교회의 가르침과 달라 어려움을 겪게 되자 그는 한국성서유니온에 누가 될 수 없다며 총무를 사임하였다. 이후 성경을 권별로 가르치는 〈에스라성경연구원<sup>현 에스라신학대학원대학교</sup>〉이 생겼을 때 4년 정도 원장으로 봉사한 것을 제외하고는 아무런 직함 없이 평신도 성경교사로서 국내는 물론 해외교포 교회에 이르기까지 종횡무진 성경을 가르치는 일에 전념하다가 2007년 2월 73세의 나이로 소천하셨다.

손봉호 교수님이 그의 삶을 가리켜 '하고 싶은 일을 하고 살았던 사람'이라고 표현하셨지만, 이는 욕망을 따라 살거나 자아실현을 추구하는 것과는 전혀 관계없는 말이었다. 오히려 그는 그의 일평생 성경연구의 결론이었던 '자기부인'의 삶을 철저하게 살았기에 결과적으로 '하고 싶은 일'을 하며 살 수 있었던 것이다. 그는 한국성서유니온의 기초를 쌓는 데 그의 젊음을 바쳤지만, 자신이 성서유니온에 약간이라도 누가 될 상황이 발생하자 미련없이 총무직을 버렸다. 성경을 권별로 가르치는 성경대학의 필요성을 주창하셨고, 그러한 학교가 세워지자 그 토대를 마련하기 위해 '원장' 직함으로 봉사하셨다. 하지만 그 학교의 기초가 잡히자 모든 만류를 물리치고 곧바로 떠나셨다. 심지어 책을 내는 일도 하나님 앞에서 신중에 신중을 기했기 때문에 그의 지식에 비해 책도 별로 나오지 않았다. 그렇게 오늘은 이곳 내일은 저곳에서 주님의 복음을 전하는 삶을 사셨지만, 그가 한국 교회에 미친 영향은 실로 지대하다고 할 수 있다. 이후 만일 내가 한국 교회사를 쓰게 된다면 윤종하 총무님을 꼭 제일 중요한 인물로 기술하고 싶다.

## 시대와 이웃의 필요에 반응하는 삶

손봉호 교수님은 윤종하 총무님의 고향 교회의 대학부 후배셨다.[*] 손 교수님이 자신은 자신이 하고 싶었던 일이 아니라 주어진 일을 주로 하며 살았다고 말씀하셨지만, 그가 주어진 일만 하며 살아온 것은 당연히 아니었다. 우리가 외부에서 보기에도 그는 한국 기독교 지성과 기독교 세계관 운동의 선구자 역할을 했고, 평신도 설교자로서 교회 갱신과 분립개척 운동을 이끌었고, 기독교윤리실천운동을 시작으로 기독교 시민운동의 중심 역할을 해오셨다. 그런 가운데서도 그의 본직인 교수로서 연구하는 일과 가르치는 일에도 결코 소홀함이 없으셨다.

하지만 손 교수님이 그렇게 표현한 의도는 충분히 읽을 수 있다. 아마도 그에게 여건이 충분히 허락되었다면 좀 더 집중하

---

[*] 손 교수님은 윤종하 총무님의 아버지인 윤봉기 목사님이 목회했던 경주교회와 서울중앙교회에 출석했다.

고 싶은 분야가 있었을 것이다. 손 교수님의 의도나 상황을 전혀 모르는 제자 입장에서도 손 교수님이 여러 활동들을 줄이고 연구에 집중해서 시대에 빛을 비춰주는 사상이나 저술을 남겨주면 좋겠다고 생각할 정도이니 본인이야 오죽했겠는가. 하지만 한국 사회나 교회가 처한 상황상 자신이 여러 필요한 분야에 기여하는 것이 하나님 앞에서 더 책임있는 자세라고 판단했기 때문에 다양한 시대적 필요와 요청 앞에서 그가 할 수 있는 한 최대한 돕고 책임지려고 하셨던 것 같다. 그래서 80세가 넘은 지금도 끊임없이 설교를 하고 글을 쓰고 여러 회의에 참여하는 등 바쁘게 활동을 하시는 게 아닐까. 많은 후배들과 제자들이 시대의 변혁을 위해 운동하고 단체를 꾸미고자 할 때 할 수만 있다면 손 교수님을 모시려고 하는 것은, 손 교수님같이 진심으로 운동에 기여하면서 동시에 자신의 지분을 요구하거나 부당하게 간섭하지 않는 분을 찾을 수 없기 때문이다.


## 자기를 부인하는 삶의 두 가지 방식

요즘 들어 '자기가 하고 싶은 일을 하고 사는 삶'과 '주어진 일을 하고 사는 삶'의 경계가 어디일까 하는 생각을 많이 한다. 아니 이 두 삶이 과연 다르기는 한 것일까? 윤종하 총무님이 하나님 앞에서 철저하게 자기를 부인하는 삶을 살았기 때문에 정말 하고 싶은 일을 하고 사는 단순한 삶을 살았듯이, 손봉호 교수님도 철저한 자기 부인이 있었기에 정말 자기가 하고 싶은 일을 미뤄두고 시대와 이웃의 필요와 요청에 반응하는 삶을 살 수 있었던 것은 아닐까? 그렇다면 '자기가 하고 싶은 일을 하고 사는 삶'과 '주어진 일을 하고 사는 삶'을 놓고 고민할 것이 아니라, 하나님 앞에서 자기를 부인하고 자기 십자가를 지는 삶을 살기를 더욱 힘써야 하는 것은 아닐까?

손봉호 교수님이 윤종하 총무님 추모 예배에서 자신이 하고 싶은 일을 하며 살았던 윤종하 총무님의 삶이 부럽다고 하셨을 때, 나는 그 말이 단지 돌아가신 선배를 높이기 위한 수사가 아니라 자신의 진심이었을 것이라고 생각했다. 우리가 똑같이 하나님을 사랑하며 살아가더라도 각자에게 주어진 길이 다르기에 가지 못한 길에 대한 아쉬움과 부러움은 누구에게나 있기 마련이다. 하지만 나는 그날 손 교수님의 이야기를 들으며 마음속으로 '아닙니다. 자신이 하고 싶은 일을 억누르고 주어진 일을 하며 살아오신 교수님의 삶도 하나님 앞에서 너무도 귀한 삶입니다.'라고 외치고 있었다.


그럼 나는?


내가 손 교수님의 이야기를 들으며 마음이 짠해졌던 것은 어쩌면 나의 성향이 또 지금까지 내가 하나님께 반응해왔던 삶의 방식이 윤종하 총무님보다는 손 교수님에게 더 가깝다고 느졌기 때문일 것이다. 그리고 동시에 하나님을 섬기며 살아가는 방식이 다를 수 있다는 것에서 자유와 자신감을 얻었기 때문일 것이다.

# 물질에 빚진 자를
# 사랑에 빚진 자로

## 고금리 이자 갚을 돈으로 원금까지

십여 년이 넘은 것 같다. 교회 내 한 가정과 이야기를 하다가 그 가정이 많은 빚을 지고 있는 것을 알게 되었다. 그 가정의 빚 가운데는 은행 대출 외에도 카드 현금서비스 대출도 꽤 많은 비중을 차지하고 있었다. 그런데 은행 대출은 이자가 낮아 그나마 괜찮았는데 카드 빚의 경우 이자가 높아 매달 카드 돌려막기를 하지만 빚이 갈수록 늘어나고 있는 상황이었다. 그러다 보니 정기적인 수입이 있지만 늘어나는 빚을 막을 수가 없어 절망감에 눌려있었다.

누군가가 카드 빚을 은행 대출로 바꿔주기만 해도 카드 빚의 이자를 내던 돈으로 이자와 원금을 조금씩 갚아갈 수 있을 것 같았다. 그래서 우리 가정이 바로 그 '누군가'의 역할을 감당하기로 결정했다. 마침 우리 가정에 그 가정의 카드 빚을 갚아줄 정도의 목돈이 있어서 그 돈으로 그 가정의 카드 빚을 다 갚아주었다. 대신 그 금액에 해당되는 적금통장을 내 이름으로 개설하고 그 가정에게 삼년 동안 적금을 적립하게 했다. 그 가정은 그 동안 카드 빚의 이자를 갚던 돈으로 월 적립금을 착실히 넣을 수 있었다. 그리고 카드 빚 문제가 해결되자 나머지 은행 빚도 갚기 위해 더 알뜰하게 살림을 꾸려갔다.

결과적으로 우리 가정은 전혀 손해 보지 않고<sub>물론 이자수익은 없었지만</sub> 그 가정의 어려움을 도울 수 있었고, 그 가정은 자존감에 손상을 입지 않으면서 자력으로 카드 빚에서 해방될 수 있었다. 그 경험은 우리 가정의 소중한 자산이 되었다. 그래서 이후에도 빚으로 고민하는 가정이 있을 경우 비슷한 방법으로 도울 수 있었고 지금도 돕고 있다.


## 그 시절의 가난, 지금의 부채사회

가난했던 어린 시절, 일정하지 않은 아버지의 수입은 우리 가족이 생활하기에 늘 부족했다. 거기다가 사남매가 학교에 다니면서 매월 혹은 분기별로 내야 하는 수업료는 가계경제에 큰 부담이었다. 그러기에 때를 따라 요구되는 자녀들의 교육비를 부담하기 위해 어머니는 늘 빚을 내러 다녀야만 했다. 지금 생각해도 이자가 비싼 사채였지만, 어머니는 어떻게 해서라도 이자와 원금을 제때 갚는 신용이 있었기에 그래도 필요할 때마다 빚을 낼 수가 있었다. 그 덕분에 사남매는 학교에 다닐 수 있었고, 지금의 나도 이렇게 있는 것이다.

시대가 많이 흘렀고 한국 사회는 절대빈곤에서부터 많이 벗어났다. 하지만 어느 시점부터 빚이 사회의 거대한 구조가 되어 개인을 억누르기 시작했다. 신용카드가 보편화되면서 정상적인 수입이 있는 개인이나 가정들도 한 달치 돈을 미리 빚으로 사용하고 월급을 받으면 이 빚을 갚는 방식으로 생활하고 있다. 많은 청년들이 대학에 진학하는 순간 학자금 빚을 지고 졸업 후에도 이 빚을 갚지 못해 허덕인다. 부모님의 도움이 없이 자력으로 주택을 구입할 수 있는 사람은 거의 없다. 집을 구입하거나 혹은 전세금을 마련하기 위해서도 대부분의 사람이 빚을 져야 하는 상황이다. 이러다 보니 현대인에게 빚은 필수적인 것이 되어버렸다. 물론 갚을 수 있는 신용의 범위 내에 있는 빚은 큰 문제가 되지 않는다. 하지만 이 신용의 범위를 벗어나 자신의 통제를 벗어나게 될 경우 문제가 된다. 그런데 종종 빚이 자신의 신용 범위를 벗어나는 순간은 자신도 어찌하지 못하는 상황에서 일어나곤 한다.

## 돈 문제, 빚 문제는 영적인 문제이다

전통적으로 교회는 성도들의 빚 문제에 대해 철저하게 침묵하고 무관심했다. 이해는 된다. 교회 내 교인 간 다양한 형태의 금전거래로 인해 교회를 떠나거나 교회 내 다양한 분란이 일어난 경우가 많았기 때문이다. 나도 이런 문제를 수없이 보고 자랐다. 하지만 이런 문제는 어떤 면에서는 빚을 지고 살 수밖에 없는 교인들의 현실을 무시한 채 '교인들 간에 금전거래를 하지 말라'는 비현실적인 지침만을 고수했기 때문에 오히려 음성화되어 더 확산된 측면이 있다.

예수님을 믿는 우리도 이 세상에서 산다. 육체를 입고 살기에 먹고 입어야 하고 살 집이 있어야 하고 자식을 키워야 한다. 당연히 돈이 필요하다. 실직이나 질병, 자녀교육, 파산 등의 문제가 그리스도인에게도 예외 없이 찾아온다. 당장 빚을 지지 않으면 어떻게 할 수 없는 상황에 몰리기도 한다. 최선을 다해 빚을 갚았음에도 불구하고 여러 가지 상황이 맞물려 파산에 직면하기도 한다. 많은 교인들이 이런 상황에 처해 있음에도 불구하고 교회는 마치 빚을 지고 사는 교인이 한 명도 없는 것처럼 아무런 개입도 하지 않은 채 가만히 있다. 이것은 정상이 아니다. 무언가라도 이야기해야 하고 어떻게든 행동해야 한다.


구조의 변혁과 국가의 책임, 그 너머의 빈자리는?


물론 우리 사회의 빚 문제는 구조적인 문제이기 때문에 교회가 이 문제를 모두 해결할 수는 없다. 당연히 국가가 이 문제에 일차적인 책임을 지고 개입해야 한다. 복지를 보다 확충하고 빈곤층에 대한 공적 지원을 더 강화해야 한다. 개인의 한계를 넘어선 빚 문제와 관련한 대책도 내놓아야 한다. 하지만 국가가 아무리 나서더라도 배제되는 빈 부분, 사각지역이 있기 마련이다. 더군다나 빚 문제는 단지 돈 문제를 넘어 한 사람의 자존심과 책임감의 문제이기도 하다. 따라서 국가가 다루기 힘든 부분은 이웃과 사회가 감당해야 하는데, 이런 점에서 교회는 그리스도인에게 가장 가까운 이웃이자 확장된 가족이다.

우리 사회가 직면한 빚 문제를 교회가 다루기 위해서는 먼저 이 문제를 공론화할 필요가 있다. 무엇보다 먼저 할 수 있다면 소비를 줄여서 빚을 지지 않도록 하는 것이 성경적임을 가르쳐야 한다. 하지만 부득이하게 빚에 눌려있는 사람들이 있을 경우 교회 내에서부터 이들에게 관심을 두고 돕는 방법을 찾아야 한다. 앞에서 내가 행한 방식은 하나의 실천 사례일 뿐이다. 그 외에도 교회 내에서 다른 사람에게 드러나지 않게 또 도움을 받는 사람의 자존감을 지켜주고 자립심을 키워주는 방식으로 빚진 자들을 도와주는 사례들이 있을 것이다. 좋은 사례들을 공유함으로써 자발적으로 실천하기를 원하는 교인들이 실천할 수 있도록 격려하면 좋겠다.

그럼 나는? 우리 교회는?

교회들 가운데는 이 문제에 개입하고 싶지만 어떻게 하는 것이 좋을지 몰라 주저하는 교회들이 많을 것이다. 내가 공동대표로 섬기고 있는 기윤실에서는 가계부채 문제에 관심을 두고 이 부분의 전문가들의 견해와 나름대로 실천하고 있는 교회들의 경험을 모아 몇 가지 모델을 개발하고 있다. 그래서 개별 교회의 규모나 상황에 맞는 다양한 실천 모델들을 어느 정도는 제시해 보려고 한다. 이러한 기윤실의 '부채해방운동'에 개인 또는 교회 차원에서 많은 관심과 후원을 보내주면 좋겠다.

비단 교회 차원에서만이 아니라 개인 차원에서도 주위를 돌아보아야 한다. 관심을 가지고 잘 살펴보면 감당하기 힘든 빚을 지고 그 빚에 눌려 신음하는 이웃들을 볼 수 있을 것이다. 비록 당장은 아슬아슬하게 이자를 감당하고 있지만 조금이라도 개인 신상이나 직장에 문제가 생기면 언제든 빚의 노예가 될 수밖에 없는 위기를 안고 살아가는 사람도 보일 것이다. 물론 이 모든 사람을 내가 다 감당할 수는 없다. 다만 내가 감당할 수 있는 차원에서 작은 실천들은 할 수 있어야 한다. 누군가의 도움이 없이는 스스로의 힘으로 빚의 굴레에서 벗어나기 힘든 사람들에게 내가 그 '누군가'가 되어주어야 하지 않겠는가? 그리고 우리 교회가 그 '누군가'의 역할을 해야 하지 않겠는가?

제2장

# 기독시민으로
# 살기

# 싸움의
# 법칙

내가 대학에 입학한 1984년은 전두환 군부독재 정권이 무소불위의 철권을 휘두르던 때였다. 비록 전두환이 자신은 7년 임기를 지키겠다고 말하고 있었지만 당시 그 말을 믿은 사람은 아무도 없었다. 1980년 광주에서 그 무고한 사람들의 생명을 살육하면서 정권을 잡은 사람이 그 정권을 순순히 내놓을 리가 없었기 때문이다. 정말이지 그때는 전두환 군부독재가 영원히 지속될 것만 같았다.

전두환 군부독재 정권의 무자비한 철권통치가 강하면 강할수록 사람들의 생각은 전두환 독재에 모아졌다. 그 당시 전두환은 우리 사회에 존재하는 모든 악의 근원이었다. 우리 사회에 존재하는 그 어떤 문제라도 '전두환 때문에'라는 말로 다 설명되었다. 그때는 전두환만 물러가면 우리 사회의 웬만한 문제는 다 해결될 줄 알았다.

## 모든 게 다 전두환 탓이야

그런데 모든 사람의 예상을 뒤엎고 전두환은 7년 통치 후 물러났다. 물론 그가 자발적으로 물러난 것은 아니었다. 그는 수많은 사람들의 희생과 투쟁에 밀려서 어쩔 수 없이 물러났다. 아마도 그는 퇴임 후에도 지속적으로 영향력을 행사하고 싶어 했을 것이다. 하지만 그의 구상들은 후임자와의 권력투쟁과 여소야대 정국 등으로 뒤틀어졌다. 어쨌든 당시 총과 탱크로 민주화운동을 진압하지 않고 직선제 대통령선거를 받아들이겠다는 6.29선언이 발표되자 일반 국민들은 물론 민주화운동을 주도했던 중심부도 매우 당황했던 기억이 있다.

그러나 전두환 퇴임 이후 민주정부가 들어선 것이 아니라 전두환과 함께 광주학살의 공범이었던 노태우가 선거라는 민주적 절차를 통해 대통령이 되어 군부독재의 맥을 이어갔다. 그 후에는 김영삼이 군부독재 세력들과 야합함으로써 그 맥을 이어갔다. 물론 이러한 과정을 통해서도 비록 그 속도가 더디긴 했지만 정치 분야를 비롯해 많은 분야들에서 조금씩 민주화가 진행되어 갔고, 그 동안 우리 사회에 산적해 있던 문제들도 조금씩 해결되기 시작했다. 그리고 김대중, 노무현 정부를 거치면서 이러한 민주화의 속도는 제법 빨라졌고 제대로 된 모양들이 갖춰지기 시작했다.

## 절대악의 커튼을 걷어 보니

그런데 전두환 혹은 군부독재라는 거대한 악의 실체가 사라지면서 좋아진 면들이 분명 많이 있었지만 기대했던 만큼 우리 사회의 전반적인 문제들이 그렇게 쉽게 좋아지지는 않았다. 왜냐하면 그 동안 우리 사회의 모든 악의 근원으로 지목되었던 군부독재라는 거대악을 걷어내고 나니까 그 아래에 있던 다른 권력들과 악의 세력들—군부독재만큼은 아니더라도 그에 못지않은—이 그 실체를 드러내기 시작했다. 물론 이들은 군부독재와 같은 절대악은 아니었다. 그들은 어느 정도의 현실적인 필요와 역할을 담당했다. 그러나 그들은 자신들의 욕심을 유지하고 영향력을 행사하기 위해 사회를 왜곡시키고 약자들을 억누르는 상대적이면서 특정한 부분을 지배하는 악의 역할을 했다.

대표적인 것들로는 기본적인 국가의 안녕과 질서를 유지하며 옳고 그름을 판결하는 최종적인 권위를 지닌 권력 기관들이 국가나 국민들이 아니라 자신들의 기득권을 유지하는 데 혈안이 되어 있는 것, 수많은 사람들의 생계와 고용은 물론이고 국가경제의 상당 부분을 차지하는 대기업들이 불의한 유착 고리를 형성하며 하청 기업에게 불공정을 강요하는 것, 실제로 발생한 사건과 그 원인 및 그에 대한 대중의 생각을 공정하게 보도해야 하는 언론이 그 역할을 버리고 단지 자신들의 주장과 이해타산에 맞게 여론을 왜곡하는 것, 그리고 하나님의 말씀을 전하고 빛과 소금으로서의 교회를 세워가야 하는 교권이 오히려 강단과 교회를 사유화하고 교인들을 우민화시키는 것 등이 있었다.

이렇듯 각 분야에서 힘과 권력을 지닌 거대한 기득권 세력 외에도 사회의 모든 분야에서 그 말단에 이르기까지 조금의 기득권이나 권력이 있는 곳이면 어김없이 악이 여러 모양으로 그것도 아주 뿌리 깊게 자리 잡고 있었다. 이러한 악의 뿌리는 파면 팔수록 인간의 타락한 본성과 맞닿아 있음을 보게 된다.


## 우리 안의 악은 어떻게 할 것인가?

운동권으로 불리던 1980년대의 학생운동은 전두환 군부독재 타도의 선봉에 서 있었다. 그들은 이 거대한 악의 근원이자 실체를 향해 목숨 걸고 투쟁했다. 오늘날의 민주화는 그들의 희생의 결과물임을 누구도 부인할 수 없을 것이다.

하지만 그들도 연약한 인간이었다. 그들 역시 약점이 많았고 그들 가운데도 악은 있었다. 물론 그 악은 비교적 개인적이며 사소한 것이었다. 예를 들어, 군부독재의 탄압에 맞서기 위해 돌멩이와 화염병을 던진 것, 시험에서의 부정행위, 대출, 리포트 베끼기, 그리고 다른 생각들을 잘 용납하지 않는 것 등이었다. 이것들은 군부독재라는 거대하고 절대적인 악과 비교할 때 지극히 사소한 것들이었다. 하지만 개인의 죄에 대한 회심과 회심 이후의 도덕적 삶에 매우 큰 가치를 두었던 당시 복음주의 선교 단체들의 학생들에게는 그들 가운데 있는 이러한 사소한 악들을 어떻게 볼 것인가 하는 것이 매우 중요한 논쟁점이었다.

그래서 실제로 대학신문 기자로 있던 한 선배는 대학신문에 시험에서의 부정행위 문제를 제기하는 글을 썼다가 학우들의 비난을 받고 기자직을 그만두게 된 일도 있었다. 하지만 정작 복음주의 선교단체들에서 이런 문제를 공적으로나 운동의 차원에서 제기한 적은 없었다. 왜냐하면 시대적인 악과 싸우더라도 그것이 개인적인 악을 합리화하지는 못한다는 생각에는 모두 동의하고 확신했지만, 과연 우리에게 그런 문제를 제기할 자격이 있는지에 대해서는 회의적이었기 때문이다. 하지만 만약 그때 복음주의 선교단체들에서 당시 주류 운동권과는 다른 방식이라 하더라도 그 시대의 거대한 악에 나름대로 저항하고 희생했더라면, 그래서 운동권은 물론이고 우리 자신의 내부의 악에 대해서도 함께 이야기할 수 있었다면, 오늘날 군부독재 정권이 물러간 이후 우리 사회가 좀 더 성숙되고 실질적인 민주화를 이루어가도록 기여할 수 있지 않았을까?


## 복음은 어떤 방식으로 악에 대한 대안이 되는가?

우리 시대에는 매우 다양한 형태로 악이 존재하며 우리는 그 악과 싸워야만 한다. 그런데 어떤 의미에서는 거대하고 절대적인 악과 싸우는 것이 가장 중요한 것처럼 보이지만, 그리고 역사적으로도 이런 싸움은 많은 희생을 통해 승리를 쟁취해 왔지만, 사실 이런 싸움보다 더 힘들고 중요한 싸움이 있다. 다시 말해, 사회 각 부문에 존재하는 구조적인 악과 싸우는 것보다 더 힘들고 중요한 싸움은 여러 개인의 탐욕과 이기심이 맞물리는 사적 영역에서 발생하는 악과 싸우는 것이다.

이런 의미에서 인간의 근본적인 죄에 대하여 죽고 의에 대하여 살 것을 가르칠 뿐 아니라 성령님의 능력 안에서 의를 향해 살 수 있는 힘을 공급하는 복음이야말로 이 시대의 악과 싸울 수 있는 매우 근본적이고도 강력한 무기이자 대안이라 할 수 있다. 하지만 복음이 이 시대의 악과 싸우는 데서 진정으로 그 대안적인 능력을 발휘하려면 개인적인 죄와 악의 문제뿐만 아니라 구조화된 다양한 기득권과 악한 권세의 본질도 꿰뚫을 줄 알아야 한다. 그리고 그런 악의 권세 아래에서 어떤 모습으로 죽고 희생할 수 있을지에 대해서 훈련시켜야 한다. 그리할 때 비로소 복음은, 비록 한계가 있겠지만, 하나님께서 주신 일반은 총적인 의분과 양심에 따라 세상과 함께 일하면서 그들에게 대안을 제시할 수 있을 뿐 아니라 영원한 의에서 비롯되는 순수함과 인간에 대한 애정을 보여줄 수 있을 것이다.


## 반복되는 역사, 변치 않는 사명

역사는 본질적으로 반복되지 않고 앞으로 나아가지만 그 형태에서만큼은 과거 여러 시점의 역사 속에서 일어난 여러 측면들이 다시 반복되기도 한다. 해 아래 새 것이 없듯이 새롭게 정부가 바뀌어도 과거 우리 역사에서 나타났던 여러 측면들이 모자이크 방식으로 드러난다. 또한 이것에 상응하여 우리 사회 여러 부문의 구조적인 악들과 그 하위의 크고 작은 기득권들도 쉴 새 없이 자기 욕망의 극대화라는 악의 법칙에 따라 움직인다.

이러한 세상의 정사와 권세, 악의 영과 세력들 가운데서 빛의 자녀인 우리는 끊임없이 싸움을 요청받고 있다. 우리는 거대악, 부문악, 크고 작은 기득권, 혹은 개인의 타락한 본성에 이르기까지 모든 악한 세력과 맞서는 선한 싸움의 길로 들어서야 한다. 비록 우리 각자는 이 모든 악들 가운데서 그 부르심에 따라 어떤 한 영역에 좀 더 집중해서 싸우겠지만, 언제나 기도 가운데서 악에 관하여 그리고 그 악과의 싸움에 관하여 전체적인 시각을 놓치지 말아야만 한다.

# 오래된 미래
# - 검소, 절제, 나눔, 정직

## 관악산 정상에서 외치다

1986년은 전두환 군부독재 정권의 폭력이 극에 달하고 있었을 때였다. 당시 군부독재 정권은 학생과 시민들의 저항을 물리적 폭력으로 제압하고 있었지만, 언제 어디서 터져 나올지 모르는 저항을 항상 두려워하고 있었다. 그래서 그해 9월 서울에서 개최되는 아시안게임 기간에 예상되는 학생들의 시위를 막기 위해 그 기간에 대학에 휴교령을 내렸다. 그래서 우리는 2학기가 개강된 지 얼마 되지도 않아 아시안게임 기간 및 그 전후로 3주 정도를 학사일정에도 없던 '아시안게임 방학'으로 얻게 되었다.

휴교 첫날 전경들이 철통같이 막고 있어 교문으로 들어가지 못하고 나오면서 마음 속 깊은 곳에서 솟아나는 분노를 주체할 수가 없었다. '도대체 이런 악한 정권이 휘두르는 악이 갈수록 심해지는데 왜 하나님의 공의로운 심판은 보이지 않고 정권의 끝이 오리라는 전망 또한 전혀 찾아볼 수 없는가?' '이 땅을 공의로 다스리시는 하나님을 믿고 그분의 자녀로서 세상을 다스린다고 믿는 나는 이 세상의 악 앞에서 이다지도 무능해야 하는가?'

그래서 주체할 수 없는 슬픔과 무기력을 안고 관악산을 올랐다. 관악산 정상에 서서 "야! 이 나쁜 ××야!" "야! 이 ××할 놈들아!"라고 목이 아프도록 외치고 나니 조금은 후련해짐을 느낄 수 있었다. 그렇게 시작된 관악산 등반이 '아시안게임 방학' 3주 동안 매일 지속되었다. 이렇게 산을 오르면서 마음의 분노를 말로 쏟아내었을 뿐 아니라 하나님을 향한 나의 의문들을 묻고 또 묻고, 생각하고 또 생각했다.

## 이 공을 누구 머리라고 생각하고

하지만 나 혼자 또는 같은 생각을 하던 주변 친구들과 절규하고 토론하는 것만으로 문제가 해결되는 것은 아니었기에 손봉호, 이만열 교수님 등 그나마 우리가 신뢰하고 존경하던 선배들을 찾아 강의를 요청하고 고민을 토로하며 질문을 던지곤 했었다. "선생님, 우리는 무슨 죄가 많아서 이렇게 문제 많은 나라에서 태어나 이렇게 양심과 정의감을 훼손당하며 고통 속에서 살아야 하는 건가요?"

그러면 이만열 교수님은 자신도 신군부에 의해 4년 동안 해직되었을 때 테니스를 하면서 공을 누구의 머리라고 생각하고 힘껏 치면서 울분을 달랬다고 하셨다. 또 손봉호 교수님은 우리가 문제 많은 나라에서 태어난 것은 어떤 면에서 그만큼 할 일이 많은 것으로 생각해야 한다고도 말씀해주셨다. 그렇게 그들은 우리의 고민에 공감하고 격려해주었다. 하지만 그들에게도 그 시대의 문제에 관한 정답이 있었던 것은 아니었다. 비록 당시 기독 대학생들의 시각에서 그들은 하늘같은 선배였고, 세상의 모든 문제에 관해 답을 알고 있고 또 그렇게 살고 있는 사람들처럼 보였지만, 사실은 그들도 당시의 시대를 어떻게 읽고 어떻게 살아내야 할지 몰라 고민하며 아파하던 한 사람의 그리스도인이었을 뿐이다. 당시 그들의 나이가 지금의 내 나이와 비슷했다는 것을 생각할 때 충분히 그랬을 것으로 짐작된다.


## 그들이 움직이기 시작했다

하지만 그렇다고 그들이 단지 젊은 그리스도인들의 고민에 공감하고 격려하는 차원에만 머물렀던 것은 아니었다. 그들은 젊은이들과는 다른 차원에서 자신들의 신앙적이고 사회적인 안목과 양심에 근거하여 그 시대와 사회에 영향을 주기 위해 최선을 다해 조직화된 운동을 일으키기 시작했다. 그 첫 번째 작품이 '기독교윤리실천운동<sub>이하 기윤실</sub>'이었다.

기윤실 운동은 서울대학교에서 손봉호 교수님이 중심이 되어 시작된 교수 성경공부모임이 모태가 되었다. 1986년 당시 나도 한 기독동아리의 대표로서 기독동아리 연합사역을 보고하기 위해 교수님들의 성경공부모임에 참석한 적이 몇 번 있었다. 당시 로이드 존스 목사님의 『산상수훈』을 가지고 공부하면서 예수님의 말씀을 이 시대에서 어떻게 실천하며 살 것인지 매우 진지하게 고민하던 교수님들의 모습이 기억난다.

그들의 고민들이 다른 대학교에 계시던 이만열 교수님, 김인수 교수님, 장기려 박사님 등의 호응을 얻으며 1987년 기윤실 운동으로 출범하게 되었다. 하지만 당시 기윤실이 내세웠던 '검소', '절제', '나눔', '정직' 운동은 그 시대의 거대한 구조적인 모순과 정치적인 폭정을 생각할 때 지극히 개인윤리적인 것이었고, 따라서 당시 시대의 거대한 모순에 대항해서 작은 균열조차 내지 못할 것 같은 유약한 운동으로 내비쳐졌다. 그래서 일반 사회의 개혁진영에서는 물론이고 당시 시대 문제를 고민하던 복음주의 기독대학생들에게조차 굳이 나쁠 것은 없지만 그들의 고민을 해결하기에는 너무 미흡한 수준의 운동으로 느껴지기도 했다.


## 문제의 너머를 본 것일까?

물론 이후 기윤실도 '검소', '절제', '나눔', '정직'에만 머물지 않고 음란·폭력물을 추방하는 미디어운동, 도박산업 퇴치운동, 교회갱신운동, 공명선거운동 등 사회 문제로 확장된 활동들을 했고, 손봉호 교수님은 시민운동계의 핵심에서, 이만열 교수

님은 교회사, 외국인 노동자, 통일과 평화 운동 등에서 활발하게
활동하며 기여하셨다.

하지만 나는 이 시점에서 오히려 기윤실이 초기에 주창하고
집중했던 '검소', '절제', '나눔', '정직' 운동을 다시 생각해본다.
군부정권이 최후의 발악을 하던 1986~1987년 즈음에 학자이
면서 동시에 예언자적 소양을 갖춘 손봉호, 이만열 같은 분들이
당시 시대가 지닌 모순과 관련해 기독교적 대안으로 '검소', '절
제', '나눔', '정직'을 이야기하셨을 때, 그들도 이러한 개인윤리
적인 실천으로 군부독재라는 거대한 사회악을 무너뜨릴 수 있
을 것이라고 생각하지는 않으셨을 것이다. 오히려 그들은 지금
당장은 군부독재라는 사회구조적인 악이 우리 사회의 근본적
인 모순처럼 보이겠지만 이러한 모순은 곧 무너질 수밖에 없다
는 것을 내다보지 않으셨을까? 그리고 군부독재 이후에는 그 동
안 군부독재라는 큰 악에 의해 가려져있던 우리 사회의 많은 모
순들이 드러날 것이고, 그 다양한 모순의 근원을 파고들어 가면
결국 인간의 탐욕과 방종, 거짓의 문제와 직면할 수밖에 없음을
간파하신 것은 아니었을까 하는 생각을 하게 된다.


## 다시, 인간의 본성에 맞서는 운동을


실제로 1987년 6월 항쟁을 계기로 형식적인 면에서 군부독
재가 종식되었고, 절차적 민주주의도 어느 정도 진척되었다. 하

지만 군부독재만 종식되면 우리 사회의 모순과 문제들이 상당 정도 해결될 줄 알았던 기대는 쉽게 이루어지지 않았다. 군부독재에서 있었던 물리적 억압은 많이 사라졌지만, 이제 그 자리를 가진 자의 이익만 추구하는 자본과 거대 언론, 종교 권력, 정치와 관료 권력, 지역과 분야별 토호세력들이 차지했다. 뿐만 아니라 셀 수 없을 정도로 다양한 집단이기주의자들이 서로 뒤얽혀 있어서 우리 사회의 근본 모순이 무엇이며, 누가 우리의 주적이고, 어디서부터 문제를 풀어야 할지 모를 정도가 되었다. 실제로 그 문제를 조금이라도 다룰라치면 이내 너무나 많은 사람들의 이기심이나 탐욕과 맞부딪히게 되어 앞으로 한 걸음 나아가는 것조차 힘든 싸움이 되고 말았다.

이런 점에서 어쩌면 오늘날에는 부끄럼을 모르고 탐욕을 부추기며 물질적으로 화려하고 편리한 자기충족적인 무한 소비를 선이라 하는 자본의 가치와 흐름들에 대항하기 위해서라도, 끊임없이 자기를 혁명하고 검소한 생활방식을 지속적으로 실천하는 역량을 형성하는 것이 중요한 시기가 되었는지도 모른다. 이러한 의식의 개혁과 건강한 개인들이 시대를 거스르는 실천을 행하지 않고는 그 어떠한 법적·제도적 변화도 불가능한 시대가 되었는지도 모른다. 참으로 지금 시대는 그 어느 때보다 탐욕의 절제와 나눔의 실천, 본성과 시류를 거스르는 당당한 삶을 살아내는 것이 거의 불가능한 시대가 되었다.

이러한 시대의 흐름을 묵상하면서 30년 전, 그 어려운 시대에서 손봉호, 이만열 등 믿음의 선배들이 시작했지만, 지금은 마치 시대의 흐름에 뒤떨어진 것처럼 묻혀있는 '검소', '절제', '나눔', '정직'의 가치를 지금 또 다른 절망의 시대에 어떻게 살려낼 수 있을지, 어떻게 시대의 정곡을 찌르는 운동으로 만들어낼 수 있을지 비슷한 고민을 하는 사람들과 나누고 싶다.

# 그리스도인에게
# '선거'의 의미는 무엇인가?

## 세속 정당을 축복해도 되는 거야?

내가 처음 '선거'를 경험한 것은 대학교 1학년 겨울방학이던 1985년 1월 국회의원 총선거였다. 1980년 광주학살을 통해 정권을 잡은 전두환과 민정당은 주요한 야당 인사들을 정치금지 대상으로 묶어놓았고, 그로 말미암아 야당은 군사정권에 제대로 날을 세우지 못하는 허약한 군소야당 체제를 이루고 있었다. 그런데 4년 동안 전두환 군사정권의 치하에서 이 체제에 대한 국민들의 분노가 1985년 1월에 치러진 국회의원 선거를 통해 표출되었다. 결국 군사정권의 갖은 방해에도 불구하고 선거 직전에 김영삼과 김대중을 중심으로 창당된 신민당이 제1야당으로 급부상했다. 그리고 이 선거 결과에 탄력을 받아 군사정권에 대한 국민들의 저항은 더욱 거세졌고, 마침내 1987년 6월 항쟁을 낳게 되었다.

그때 나는 아직 선거권이 없는 상태에서 고향인 창원에 내려가 있었는데, 선거운동 기간에 표출되었던 민심의 거센 물결을 보면서 '아 이것이 선거의 힘이구나' 하는 것을 절실하게 느꼈다. 그리고 선거를 통해 군사정권과 강하게 맞서겠다는 신민당이 제1야당으로 부상하자 내가 활동하던 기독교 동아리 회지에 한 선배가 썼던 "하나님이여! 신민당을 축복하소서!"라는 칼럼을 읽으면서 매우 놀랐던 기억이 지금도 새롭다. 왜냐하면 분명히 당시 교회에서는 철저하게 정교분리를 가르치고 있었고, 더군다나 신민당이라고 해서 절대 선은 아닐 텐데, 그런 하나의 정파에 불과한 신민당을 하나님의 이름으로 축복하는 것이 우리 기독교 신앙의 정신과 어울리는 것일까 하고 생각했기 때문이다. 그렇지만 당시 그 선배가 어떠한 마음으로 그 글을 썼을지, 그리고 당시 전두환 군사정권 체제 하에서 그 글이 하나님의 절대주권과 공의로운 통치를 믿는 믿음에서 크게 어긋나지 않을 것이라는 공감대가 나를 포함해 우리 동아리 사람들 모두에게 형성되어 있었다.

## 민주주의 이름으로 독재에 면죄부를 주다니

내가 경험한 두 번째 선거는 1987년 12월에 있었던 대통령 선거였다. 이 선거는 박정희 대통령이 1972년 유신체제를 선포하면서 대통령 직선제를 폐지하고 간선제를 도입한 이래 15년 만에 처음으로 시행되었던 대통령 직선제 선거였다. 1987년 6월 항쟁의 주요구호가 '독재타도'와 '직선제 쟁취'였음을 생각할 때 대통령 직선제를 향한 국민들의 열망이 얼마나 강렬했는지 잘 알 수 있다. 이러한 열망은 당시 오직 '복음전도'만이 세상을 변화시킬 수 있다고 믿으며 사회참여에는 한 걸음 떼는 것조차 두려워했던 복음주의권 기독청년들로 하여금 기꺼이 '공정선거 감시단' 활동에 뛰어들게 만들었다. 그때 나도 당시 4학년 2학기 후반부 수업을 거의 전폐하고 공정선거 감시단 활동에 참여하였다.

그러나 안타깝게도 그 선거의 결과는 전두환 군부정권의 동지이자 후예였던 노태우 대통령의 당선이었다. 군부정권에게 민주주의라는 이름으로 면죄부를 부여한 이 선거의 결과는 김영삼과 김대중의 분열이 가져온 것이었다. 당시 우리로서는 이 선거 결과를 받아들이기가 너무 힘들었다. 그러나 지금 다시 돌아보면 1987년의 대통령 선거는 선거가 지닌 힘만이 아니라 동시에 그 선거가 지닌 한계가 무엇인지도 깨닫게 해줬던 소중한 학습의 시간이었다.


## 이 사람들이 과연 민주주의를 누릴 자격이 있나?


이후 나는 일곱 번의 국회의원 선거와 여섯 번의 대통령 선거를 치렀다. 물론 내가 투표한 후보가 당선된 경우는 많지 않았다. 그럴 때마다 국민들의 판단력이 이렇게까지 흐린 것인가 하며 슬퍼했던 적이 많았다. 동시에 이렇게 탐욕과 아집으로 가득 찬 무책임한 사람들에게도 똑같이 공평하게 한 표씩을 주는 것이 과연 맞을까, 우리 국민들이 과연 민주주의를 누릴 자격이 있는 것일까 하는 의구심을 갖기도 했다. 플라톤이 왜 민주주의를 중우정치衆愚政治*라고 비판하면서 철인정치哲人政治**를 주장했는지 이해가 되던 때가 한두 번이 아니었다.

하지만 인간의 죄성을 생각할 때 위대한 철인이 나타나서 백성을 다스려줄 것을 기대하는 것은 전혀 기독교적인 것이 아니다. 오히려 기독교는 모든 국민에게 똑같이 한 표씩의 권한만 부여하고, 그들로 하여금 일정한 간격으로 자신들의 대표를 선출하게끔 하는 방법이 하나님께서 인간에게 허락하신 가장 소중한 선물이라고 믿는다. 물론 이러한 방식의 투표도 우리의 죄성 때문에 왜곡되는 경우가 많고 그로 말미암아 이 세상을 향한 하나님의 뜻도 왜곡되곤 한다. 그럼에도 불구하고 이 방법이, 비록 둘러가고 후퇴와 전진을 반복한다 할지라도, 최악을 거르고 차선을 향해 조금씩 나아가게 하는 가장 좋은 도구임을 역사가 증거한다.

---

* 다수의 어리석은 민중이 이끄는 정치를 이르는 말로 민주주의의 단점을 부각시킨 것이다. 플라톤은 다수의 난폭한 폭민들이 이끄는 정치라는 뜻에서 '폭민정치'라고 하였고, 그의 제자 아리스토텔레스는 다수의 빈민들이 이끄는 '빈민정치'라고도 하였다―위키백과.
** 플라톤이 그의 저서 『국가』에서 이상 국가의 실현을 위해 주장한 것으로 진리와 선을 아는 소수의 철인에 의한 정치를 말한다―다음사전.

## 선거, 남북의 차이를 만든 핵심 고리

한국 현대사를 공부하면서 남한과 북한을 지금의 모습에 이르게 한 가장 큰 요인은 무엇이었을까가 늘 궁금했다. 이념적인 문제를 배제하고 본다면, 사실 북한은 당시 우리 민족과 시대의 제일 큰 과제였던 '친일잔재청산'과 '토지개혁'을 성공리에 수행했고, 그래서 다수 백성들의 지지를 받으면서 출발할 수 있었다. 이에 반해 남한은 친일잔재청산에 실패했고 토지개혁도 어중간한 형태로 진행되어 민심의 지지를 제대로 얻지 못했다. 어쩌면 북한의 김일성이 한국전쟁이라는 민족적인 죄악을 쉽게 저지를 수 있었던 것도 자신이 단행한 개혁의 성과에 따른 민심의 지지를 과신했던 것도 한몫했을 것이다.

그런데 이러한 남과 북의 격차에도 불구하고 북한과 달리 남한이 붙들었던 것은 자유로운 '선거'였다. 물론 초기에는 이 선거에서도 수많은 부정과 미숙함이 노출되었다. 그럼에도 불구하고 남한은 선거를 통해 민의를 반영하고 권력을 견제하고 심판할 수 있는, 예측가능한 시스템을 지속적으로 발전시켜왔다. 간혹 이러한 선거 자체가 통제되거나 선거의 공정성이 과도하게 침해될 때는 온 국민이 목숨 걸고 이에 저항함으로써 자신들의 선거권과 선거의 절차적 공정성을 지켜왔다.

물론 북한도 선거를 치러왔고 또 지금도 치르고 있다. 하지만 북한은 당이 지명하는, 혹은 지역에서 제일 신망을 받는 단일후보에 대해 OX 방식으로 선거를 치를 뿐이다. 따라서 당에서 후보로 추대를 받으면, "나같이 부족한 사람이 어떻게……"
라고 극구 사양하다가 결국 마지못해 출마한다고 한다. 지극히
전통적인 방식이다. 그래서 탈북자들이 남한에 와서 선거 기간
에 서로 자기가 잘 났다며 자기를 찍어달라는 선거운동 행태를
보고 '어떻게 인간이 저럴 수 있냐'고 기겁한다고 한다. 어쨌든
북한은 전통을 활용해 선거를 무력화했으며, 그 결과 자체적인
견제나 정화 장치를 제거하였다. 이로 말미암아 북한은 지금의
무능한 독재, 잔혹한 독재로 후퇴에 후퇴를 거듭하고 말았다.


## 한국 사회의 역동성에 대한 그리스도인의 책임

여러 가지 문제들이 중첩되어 있는 한국 사회에서도 좀처럼
해결의 실마리는 보이지 않고 오히려 문제들이 더욱 악화되는
현상들을 보게 된다. 하지만 그럼에도 마지막 희망의 끈을 놓을
수 없는 것은 한국 사회가 지닌 역동성에 대한 믿음 때문이다.
이 믿음은 나만이 아니라 지금까지 한국 현대사의 역동을 경험
하고 그것을 약간이라도 성찰해본 사람이라면 누구나 공감할
것이다. 그리고 그런 역동이 가장 잘 표출된 곳의 중심에는 늘
선거가 있었다.

물론 이러한 역동성이 항상 긍정적으로만 작용한 것은 아니
었다. 또 설령 긍정적으로 작용했다 하더라도 거기에는 언제나
반작용과 부작용이 있었음을 역사가 증명해준다. 그렇기 때문

에 현 시대를 아파하고 이 시대에 대한 책임감을 어느 정도 공유하는 사람이라면 누구나 이 사회에 변화의 에너지가 존재하며 그 에너지가 표출될 수 있는 주기적인 계기가 있는 것에 감사할 것이다. 하지만 동시에 그 에너지와 역동성의 방향을 어떻게 이끌며 또 그 내용을 어떻게 채워갈지에 대해 끈질기게 고민하며 구체적으로 행동하지 않을 수 없을 것이다.

2020년에는 제21대 국회의원 선거가 있다. 이번 총선을 계기로 한국 사회는 또 한 번의 큰 변화의 물결에 휩싸이고 강한 성장통을 겪을 것으로 예상된다. 그러기에 더 무거운 책임감으로 주께서 이번 선거를 통해 이 민족에 공의로운 하나님의 심판을 내리시고, 이 사회가 나아갈 방향에 대한 새로운 빛을 비추시길 기도한다. 그리고 구체적으로 정당들과 후보들에게 나와 내가 속한 공동체가 미칠 수 있는 범위 내에서 정책적인 제언을 하고, 또 그런 제언에 대한 반응들을 평가하면서 투표에 임하려고 한다.

# 대선,
# 그 이전과 이후

"아빠, 왜 그냥 '○○○이 당선되게 해 주세요'라고 기도
하지 않으세요?"

대통령 선거를 앞두고 한 달 정도는 매일 저녁 가정예배 시
간에 대통령 선거를 위한 기도가 빠지지 않았다. 물론 자녀들은
평소 아빠의 성향이나 언행을 통해서 아빠가 어떤 후보를 지지
하는지 다 알고 있다. 신문이나 방송 혹은 각종 홍보물을 놓고
자녀들과 이야기하는 과정에서도 아빠가 지향하는 가치나 정치
적 성향에 대해 충분히 드러난 상황이었다. 그래서 자녀들도 아
빠의 영향을 받아 특정 후보에 대해 호의를 표시하곤 했었다.
그럼에도 불구하고 가정예배 시간에 아빠가 그 후보의 이름을
절대 언급하지 않고, 오직 '가난하고 소외된 백성들의 고통에
관심을 갖고 그것을 덜어줄 수 있는 후보', '북한과의 관계에서
평화를 건설해갈 수 있는 후보', '자녀들의 과도한 입시경쟁을
줄여줄 수 있는 후보' 등만 이야기하자 답답했던 모양이었다.

# 내가 지지하는 후보가 당선되게 해달라고 기도해도 되나요?

"음, 물론 내가 지지하는 후보가 당선되게 해달라고 기도하는 것도 잘못된 것은 아니야. 그렇지만……"

물론 나도 개인기도 시간에는 내가 지지하는 ○○○가 당선되게 해 달라고 기도했다. 정말 간절히 기도했다. 어차피 개인기도 시간은 하나님과 가장 친밀하게 만나는 자리이고, 내 마음 가장 은밀한 곳까지 다 아시는 하나님 앞에서 숨길 것도, 하지 못할 말도 없기 때문이다. 개인기도 시간에는 하나님 앞에서 내 마음과 생각, 감정을 거르지 않고 다 쏟아놓고, 그것들을 하나님의 거룩하신 빛 앞에서 다시 분별해서 어떤 것은 주워 담고, 어떤 것은 취소하고, 어떤 것은 더 높은 차원으로 발전시켜나가는 것이 가능하다. 같은 기도 안에서 상반된 내용들이 말해질 수도 있다. 그렇게 함으로써 그 기도 안에서 영적 상호작용과 상승작용이 일어날 수 있다.

하지만 공적인 기도는 개인 기도와 차원이 다르다. 공적 기도는 기본적으로 함께 모인 여러 성도들의 공통적인 고백과 간구를 모으되, 그 모은 내용을 성경과 교회의 공적 신앙고백의 틀로 거르고 다듬어서 하나님께 나아가는 절차이다. 그렇다고 공적 기도가 기도자의 감정이나 생각은 일체 배제하고 딱딱한 신학 이론만 나열해야 하는 것은 아니다. 거기에는 성도들이 공통적으로 이 땅에서 느낄 수밖에 없는 의에 대한 목마름이나 불의에 대한 분노, 하나님의 은혜에 대한 간절한 갈구가 담길 수도 있다. 하지만 이것들도 말씀과 신앙고백에 의해 걸러져야지, 기도자의 개인적인 감정과 생각이 절제 없이 표출되어서는 곤란하다.

## 어떻게 이것이 하나님의 뜻이라고 말할 수 있을까?

"그렇지만 아빠, 대통령 후보들이 살아온 과정이나 그들이 내세운 공약을 살펴볼 때 ○○○가 아빠가 계속 기도해온 그 제목들을 더 잘 실현할 것이라는 것은 분명하잖아요?"

사실 대통령선거 후보를 고르는 일은 그리 어렵지 않다. 국회의원이나 지방의원 등으로 내려가면 후보에 대한 변별이 어려운 경우도 있지만, 대선 후보를 판단하는 데 필요한 자료는 넘쳐난다. 그래서 나도 기도하는 마음으로 후보들이 살아온 과정과 공약을 살피면서 어떤 후보가 우리 시대가 당면한 과제들을 조금이라도 더 잘 풀어낼 사람인지, 하나님의 마음으로 다양한 형태의 약자들의 고통을 덜어줄 수 있을지를 판단했다. 그리고 그런 확신을 가지고 주변 사람들과도 이야기를 많이 나누었다.
　하지만 그러한 확신은 어디까지나 나의 경험과 판단력의 한계 안에서 내린 것이기 때문에 반드시 옳다고 볼 수는 없다. 내가 선택한 후보가 당선되게 해달라고 기도할 수는 있지만, 그 후보가 당선되는 것이 하나님의 뜻이라고 말할 수는 없다. 사실 짧지만 내가 살아왔던 시간들만 돌아보더라도 내 판단이 옳지 않은 경우도 많이 있었다. 내 판단대로 일이 이루어졌다고 좋아했지만 나중에 결과가 좋지 않은 경우도 있었고, 그 반대의 경우도 많았다. 대통령이 아무리 좋은 의도를 가지고 있어도 여러 가지 통제할 수 없는 환경으로 인해 역작용이 나타나기도 하고, 반대로 좋지 않은 의도를 지닌 대통령이 자신의 욕심 때문이든 다른 어떤 상황에 의해서든 좋은 일을 만들어내기도 한다.

물론 그러니까 판단을 내리지 말아야 한다는 것은 아니다. 누구든 지금 주어진 상황에서 최선의 판단을 하고 그 판단을 이루기 위해 최대한 노력해야 한다. 하지만 동시에 누구도 미래를 알 수 없으며, 역사의 수많은 변수도 주관할 수 없는 인간의 한계를 늘 염두에 두어야만 한다. 그렇기 때문에 "이 사람이 꼭 당선되게 해 주십시오." 또는 "이 사람이 당선되는 것이 하나님의 뜻입니다."라고 공적으로 기도하는 것은 지양해야 한다.


## 사울왕의 길과 다윗왕의 길

"그런데 아빠, 아빠는 늘 '선거를 통해 하나님께서 세우시는 지도자가 드러나기를 원합니다.'라고 기도해 왔잖아요? 그렇다면 이번 선거를 통해 당선된 사람이 결국 하나님의 뜻이었다는 이야기가 되는 건가요?"

하나님께서 교회만이 아니라 모든 세상 역사의 주인이요 주관자이심은 분명하다. 하지만 역사 가운데서 그분의 뜻이 어떻게 드러나는지에 관해서는 명료하지 않다. 다만 민주주의는 모든 인간이 죄인이라는 전제를 가장 충실하게 반영한 제도라고 할 수 있다. 어차피 완벽하게 하나님의 뜻을 드러내고 실현할 수 있는 사람은 없다. 설령 그것에 근접한 사람이 있다 할지라도, 그 사람이 누구인지 정확하게 분별할 수 있는 사람이 없다. 그렇기 때문에 민주주의는 51%의 정당성을 가진 사람을 일정한 기간만 지도자로 세우는 것이다. 우리 또한 이러한 민주주의 제도 하에서 51%의 정당성을 가진 사람을 일정 기간 하나님께서 세우신 사람이라고 인정하고, 그 사람이 그의 역할을 잘 감당하도록 기도하고 협력하는 것이다.

하지만 성경은 하나님께서 한 번 세웠다고 해서 그 사람이 하는 모든 일이 정당성을 갖는 것은 아니라고 말한다. 사울왕과 다윗왕의 대비에서 보여주듯이, 하나님께서 지도자에게 위임하신 사명을 잘 분별해서 겸손하게 백성을 잘 섬기고 공정하게 통치해 가느냐에 따라 하나님의 뜻이 계속 그에게 머물러 있거나 아니면 떠날 수도 있는 것이다. 당연히 민주주의 제도 아래에서 살아가는 하나님의 백성들은 이러한 하나님의 뜻을 따라 지도자가 공평과 인애로 올바르게 통치해 가도록 격려하고 비판할 수 있어야 한다. 자신이 할 수 있는 범위 내에서 소리를 내고 행동할 수 있어야 한다. 선출된 지도자가 사울의 길로 가지 않고 다윗의 길로 가도록 기도하기를 쉬는 죄를 범해서는 안 될 것이다.

## 대선을 통해 내게 주어진 과제는?

대통령제 국가에서 대통령선거는 한 시대가 안고 있는 모든 문제가 표출되는 시기이다. 그래서 대선 때마다 지역 갈등, 세대 갈등, 이념 갈등, 가치 갈등, 갈수록 심화되는 양극화의 문제, 일자리와 비정규직의 문제, 경제민주화와 복지의 문제, 과거사 문제, 정치개혁의 문제, 편향된 언론의 문제, 권력기관들의 문제, 기득권 세력의 공고함, 우리 시대 사람들이 지닌 불안과 탐욕의 문제 등 우리 사회에 내재된 크고 작은 수많은 문제들이 표출된다. 뿐만 아니라 이러한 대선 과정에서 의제조차 되지 못한 더 낮고 힘없는 사람들의 목소리, 더 근본적인 도덕과 영적인 차원에 이르기까지 우리 사회의 문제들은 곳곳에 산재해 있다.

이런 문제들은 당선된 대통령과 집권당, 책임 있는 공기관들이 우선적인 책임감을 가지고 풀어가야겠지만, 시민들 또한 지금까지 개인의 삶의 과제들에 짓눌려 보지 못했던 이런 문제들에 대해 각성해야만 한다. 그래서 정치권과 공기관들이 이런 문제들을 그냥 넘어가지 못하도록 감시하고 각성시키는 노력을 개인적 또는 집단적으로 감당해야만 한다. 그리고 비록 큰 권력은 없지만 각자 자신의 삶의 영역에서 자신이 바꾸어갈 수 있는 부분들을 자신의 과제로 삼고 씨름해야 한다. 이렇듯 그리스도인들은 선거에 직면할 때마다 그것을 하나님 앞에서 보다 책임 있는 기독시민으로 각성하는 계기로 삼아야 할 것이다.

# 탄핵 이후,
## 우리는 무엇을 할 것인가?

　헌법재판소가 박근혜 대통령에 대한 탄핵소추안을 인용함으로써 박근혜 대통령은 대통령의 지위를 잃고 자연인의 신분이 되었다. 우리 역사상 대통령 임기를 다 채우지 못하고 중도에 그만 둔 경우는 이승만, 박정희, 최규하 이렇게 세 명이었다. 이승만 대통령은 자신의 하야를 주장하는 시위대에게 총격을 가해 수백 명의 희생자를 낸 이후에 물러났다. 박정희 대통령은 자신의 심복이 쏜 총에 맞아 죽어서 물러났다. 최규하 대통령은 전두환 쿠데타 세력에 의해 강제로 물러났다. 즉, 모두가 물리적인 폭력에 의해서 물러난 것이었다. 그런데 박근혜 대통령은 헌법과 법률이 정한 절차에 따라 어떠한 물리적 폭력 없이 물러나게 됨으로써 본의 아니게 한국 민주주의를 한 단계 성숙시키는 주역이 되었다.

## 종교개혁의 후예들이 발전시킨 '법에 의한 지배'

최고의 권력자라 할지라도 법을 위반했을 경우 헌법기관의 판결에 의해 물러나야 하는 사회를 우리는 법치국가라고 부른다. 즉, 사회 구성원들의 합의에 의해 함께 지켜야 할 법을 만들고, 그 법에 근거해 그 법을 수행할 수 있는 사람을 선출하고, 그 법을 위반했을 때 그 법에 따라 처벌받게 하는, 그럼으로써 모든 사람이 그 법의 통제 하에 들어가도록 하는 사회인 것이다. 물론 여기에는 그 누구도 예외가 없다.

서구에서 이러한 법치국가의 이념은 많은 사람들의 희생과 수고에 의해 형성되었는데, 그 가운데 가장 주도적인 역할을 한 사람들로 스위스의 종교개혁자 칼뱅과 그의 신학을 따르는 칼뱅주의자들이 있다. 칼뱅에게서 신앙은 교황의 통제 하에 있는 것이 아니라 모든 사람이 하나님께서 주신 양심에 근거해 하나님께 반응하는 것이었다. 그래서 그는 모든 신자가 양심의 자유와 종교 행위의 자유를 누려야 하며, 종교단체(교회)는 예배의 자유와 자율통치의 권리를 가져야 한다고 주장했다. 하지만 이러한 그의 주장은 당시 그 시대를 지배하던 가톨릭 체제에 위협이 되었다. 그래서 종교개혁의 신봉자들은 종교 및 정치적인 핍박을 많이 받았고 수많은 사람들이 희생당했다.

이러한 상황 속에서 칼뱅주의자들은 하나님 앞에서 자신들의 신앙과 교회의 자율성을 지키기 위한 양심의 자유를 종교적 차원에만 국한시키지 않고 하나님께서 모든 인간에게 허락하신

인권의 차원으로까지 확대하기 시작했다. 그리고 이러한 천부인권사상은 '국민주권론'으로 이어졌고, 이를 담아내기 위한 틀로서 법에 의한 지배라는 정치사상들을 발전시켰던 것이다. 이러한 사상들에 근거해서 제네바의 시민칙령1568년, 네덜란드의 위트레흐트동맹1579년, 프랑스의 낭트칙령1589년, 스코틀랜드의 엄숙동맹1643년, 영국의 권리청원1628년 및 권리장전과 관용령1689년, 미국의 매사추세츠 헌법1780년에 이르기까지 근대 민주주의 토대가 되는 선언문과 헌법들이 나왔던 것이다.*

## 한국 교회는 민주주의 발전에 어느 정도 기여했나?

이렇게 볼 때 오늘 우리가 누리고 있고 또 우리 사회와 국가를 건강하게 지켜갈 수 있는 중심이자 푯대가 되는 '국민주권론'과 '법에 의한 지배'는 칼뱅을 비롯한 종교개혁의 후예들에게 크게 빚고 있음을 알 수 있다. 하지만 부끄럽게도 한국의 개신교는 이렇듯 믿음의 선배들이 하나님 앞과 성경의 조망 아래 이 세상을 다스리시는 하나님의 주권을 보다 근접하게 실현시키기 위해 발전시켜왔던 민주주의의 원리들을 이 땅에서 실현하고 발전시키는 데 기여한 바가 크지 않다. 아니 기여하기는커녕 오히려 걸림돌이 된 경우가 더 많았다고 해야 할 것이다.

───────

* 존 위티 주니어, 『권리와 자유의 역사』(IVP, 2015), 22쪽

물론 기여를 전혀 안 한 것은 아니다. 암울했던 박정희와 전두환 군부독재 시절, 모두가 숨죽이고 있을 때 하나님께서 주시는 용기를 가지고 인권과 민주주의를 위한 투쟁에 앞장섰던 그리스도인들도 많았다. 그리고 비록 정치적인 투쟁은 아니라 해도 사회적 약자들의 권리를 위해 헌신한 사람들도 많았고, 자신이 속한 영역에서 정직하고 투명하기 위해 노력한 사람들도 많았다. 하지만 그럼에도 불구하고 한국 기독교는 이승만 독재정권을 옹호하면서 그 가운데서 이익을 누렸고, 군부독재 시절에는 침묵함으로써 이에 동조했다. 심지어 1987년 민주화 이후에는 오히려 기득권 보수 세력에 동원되는 경우가 많았고, 이번 탄핵정국에서도 많은 수의 그리스도인들이 탄핵을 반대하는 그룹의 중심에 서 있었다.

## 탄핵 이후 한국 교회가 붙들어야 할 과제

이번 대통령 탄핵정국을 거치면서 한국의 민주주의는 한 단계 진보했고, 국민들의 민주의식도 많이 성장했다. 하지만 이 과정에서 국민들 사이의 대립과 갈등은 심각한 수준에 이르렀다. 앞으로 한국 사회가 이러한 갈등을 잘 해소해가지 않을 경우 한국의 민주주의는 큰 위기를 맞을 수밖에 없을 것으로 보인다. 하지만 문제는 이러한 갈등을 해소할 수 있는 뾰족한 방법이 보이지 않을 뿐만 아니라 이런 문제를 풀어나갈 역량을 갖춘 주체도 잘 보이지 않는다는 것이다.

그러기에 한국 사회의 이러한 갈등의 문제를 해결하는 일에 한국 기독교가 적극적으로 나서야 할 때가 아닌가 하고 생각해 본다. 물론 이러한 갈등과 분열의 핵심 당사자인 한국 교회가 갈등을 해소하기 위해 나선다고 하면 모두가 비웃을지도 모른다. 하지만 반대로 한국 교회 내부에서 이러한 갈등을 해소하는 일에 어느 정도 성공한다면, 이는 곧바로 한국 사회의 갈등을 해소하는 데로 이어질 수도 있을 것이다. 여하튼 한국 교회가 지금이라도 이런 갈등의 문제를 해결함으로써 한국 사회의 통합에 기여해야만 향후 한국 사회 내에서 버림받지 않을 수 있을 것이다.


## 국민 통합과 안전을 위한 교회의 노력

유럽의 국가들 가운데 핀란드는 국가의 독립 이후에 좌파와 우파가 나뉘어져 동족상잔의 전쟁을 치렀고, 그 결과 당시 300만 명의 인구 중에서 4만 명이 사망하는 아픔을 겪은 바 있다. 그때 핀란드 교회는 우파의 편에 섰었지만, 전쟁 이후에는 좌파의 희생자들을 위해서도 장례를 치러주고 그 유가족들을 다 포용했다고 한다. 그래서 핀란드 국민들은 아직도 당시 전쟁의 트라우마를 가지고 있긴 하지만, 여전히 교회는 국민 통합의 중심 역할을 하고 있다.

미국에서 9.11사태가 발생했을 때 부시 대통령은 아프카니스탄을 폭격하고 이슬람에 대해 적대적인 정책을 쏟아냈지만 그럼에도 테러는 오히려 늘어나기만 했다. 그런데 그때 미국의 퀘이커교도들은 자신들의 매주 모임 때마다 이슬람 청년들을 초청해서 그들의 이야기를 들었다고 한다. 일 년 이상 이렇게 듣는 과정을 통해 이슬람교도들이 미국과 기독교에 대해 지닌 분노의 실체를 이해하면서 그것을 해소하는 실천들을 실행해 갈 수 있었다고 한다.

## 갈등 해소를 위한 출발, '진심으로 듣기'

일반적으로 교회 내에서도 정치 이야기를 하는 것은 금기시되고 있다. 서로의 차이만 발견할 뿐 결국 다툼으로 귀결되는 경우가 대부분이기 때문이다. 하지만 이제 교회 내에서 혹은 그리스도인 모임 가운데서도 자신들과 다른 생각이나 정치적 견해를 가진 사람들을 초청해서 그들의 이야기를 듣는 모임을 많이 가져야만 할 것이다. 물론 서로에게서 듣되 논박하지 않고, 그 사람에게 있는 생각과 감정을 더 잘 이해하기 위한 질문만 하는 정도에서 충분히 들을 필요가 있다. 이러한 과정을 통해 듣는 사람들은 그동안 이해하기 힘들었던 상대방의 생각과 행동 깊은 곳에 있는 두려움의 실체를 접할 수 있음은 물론 나아가 상대방을 어느 정도 이해할 수도 있게 될 것이다. 더불어 상대방 또한 자신의 이야기가 충분히 전달되고 진심으로 이해받았다는 것으로 인해 감정적인 해소가 많이 될 것이다.

물론 이러한 개인적이고 작은 그룹에서의 만남과 경청, 대화가 훨씬 더 거대한 갈등과 대립의 구도를 해소하는 데 어느 정도 도움이 될 수 있을지는 정확히 알 수 없다. 그러나 하나님의 일하심과 복음의 능력을 믿고 지금 나와 내가 속한 그룹이 할 수 있는 실천부터 최선을 다해 해나가야 할 것이다.

# 다시 생각하는
# 기독교와 민주주의

성경은 특별한 정치체제를 지지하지는 않는다. 그러나 하나님께서 모든 백성을 구원하기 위해서 특별하게 세우셨던 이스라엘 백성에게 요구하신 통치 원리나 체계에 대해서만큼은 분명하게 제시한다. 그것은 하나님께서만 왕이시라는 것, 따라서 그들이 세운 정치체제나 지도자들은 모두 하나님의 왕 되심을 잘 드러내며 하나님께서 가르치신 법이 잘 지켜지도록 해야 한다는 것이다. 때문에 이스라엘의 왕은 그 누구보다 하나님의 법을 잘 지키는 모범이 되어야 했음은 물론, 하나님의 법에 근거해서 백성을 다스리는 제한된 통치를 수행해야만 했다.

## 종교개혁과 민주주의의 태동

종교개혁 이후 서구의 정치체제에서 민주주의의 기반을 닦았던 개혁자들은 이러한 이스라엘의 정치체제를 보편적인 언어와 이성적인 합의의 틀로 구축하려고 노력했다. 그래서 왕이든 대통령이든 수상이든 그 어떤 형태의 통치자라도 하나님을 대신하는 국민의 뜻 아래에서 그 뜻을 잘 수행하는 자가 되도록 했다. 이것이 이른바 '국민주권론'이었다. 또한 왕이든 국민이든 관계없이 모든 사람은 하나님께서 정하신 법에 순복해야 했는데, 이 하나님의 법을 대신한 것이 하나님께서 모든 사람에게 심어주신 '자연법'이라고 생각했다. 이것이 이른바 '자연법 사상', 곧 법치국가의 이념이었다. 여기에 모든 사람은 죄인이고 완벽할 수 없다는 성경의 인간론에 근거해서 할 수 있는 대로 한 사람이나 한 기관에 권력이 집중되지 못하도록 권력을 분산하고 상호 견제하도록 했다. 이것이 이른바 '권력분립론'이었다.

물론 서구의 민주주의 제도가 하나의 체계화된 사상에 근거해서 세워진 제도는 아니다. 중세 이후 여러 가지 정치사회적인 역동 가운데서 하나씩 제도의 틀이 형성되기 시작했으며, 또한 각 나라마다 그것의 발전 속도나 모양도 제각기 다양했다. 당연히 모든 민주주의 제도나 의식의 발달이 성경에 기반을 두고 발전한 것은 아니었다. 하지만 종교개혁이 개인의 신앙과 양심의 자유를 부르짖고 저항함으로써 근대의 자유와 권리의 공간이 열리게 되었고, 이를 통해 기타 다른 모든 개인의 자유와 권리가 자리 잡을 수 있었던 것은 분명하다. 뿐만 아니라 민주주의가 고비에 직면할 때마다 개신교는 성경에 기반한 천부인권사상이나 하나님의 형상으로서 모든 개인이 지녀야 하는 자유와 평등의 이념을 주장했고, 이로써 민주주의 제도를 앞당기는 데 기여해왔다.

## 민주주의를 붙든 한국

이렇게 서구에서 발달한 민주주의는 복음의 전파와 함께 세계 각 나라로 확장되어 갔다. 특별히 19세기 말 백척간두의 위기에 있던 조선에서 민족이 나아갈 길을 찾던 선각자들에게 미국과 미국의 민주주의는 큰 빛이 되었다. 그래서 그들은 더 이상 조선왕조의 복귀를 꿈꾸는 대신 민주공화국으로서의 새로운 나라를 꿈꾸기 시작했다. 이러한 새로운 민주공화국에 대한 꿈은 1919년 상해 임시정부의 정강政綱에 그대로 반영되었으며, 이후 거의 모든 독립운동의 기본이자 방향이 되었다.

그러나 해방 이후 대한민국은 분단과 전쟁으로 돌이킬 수 없는 비극을 맞았고, 결국 두 개의 국가형태로 대립하게 되었다. 특히 남한은 친일청산을 제대로 하지 못해 친일파가 여전히 권력을 쥐고 나라를 좌우함으로써 분단의 비극에다가 친일파 득세라는 이중적인 역사의 왜곡을 안고 출발하게 되었다. 그래도 다행인 것은 비록 제도적인 차원에 불과하더라도 민주공화국 체제로 출발했다는 것이다. 물론 실제로 당시 민주공화국 체제는 허울뿐이었고, 친일청산 실패와 이승만 정권의 독재로 이어지면서 역사적 비극은 계속 이어졌다. 이에 반해 북한은 친일청산과 토지개혁 위에 야심차게 출발했다. 그러나 그들의 정치체제는 공산당 1당 독재였다. 이는 결국 김일성 1인 독재를 넘어 김일성 세습 왕조로 전락하는 결과를 낳았다. 이런 점을 생각해 볼 때 남한이 비록 부패하고 어설프긴 했지만 민주공화국으로 출발했다는 것이 얼마나 다행하고 감사한 일인지 모른다. 이러한 민주공화국의 틀이 있었기에 이승만 독재 체제 하에서 4.19 혁명이 가능했던 것이고, 박정희와 전두환으로 이어지는 군부독재 체제 하에서도 민주화운동이 가능했던 것이다.


## 한국 민주주의와 한국 기독교

한국 기독교는 개화기와 일제 강점기 때 우리나라에 미국식 민주주의를 소개하고 이를 민족의 미래로 제시하며 확산시키는 데 크게 기여했다. 뿐만 아니라 해방 이후 제도로서의 민주주의를 도입하는 데도 기여한 바가 크다. 하지만 이승만 독재 체제를 지지하면서부터는 민주주의의 발전에 오히려 걸림돌이 되기 시작했다. 심지어 박정희와 전두환으로 이어지는 군사독재 시절에 이르러서는 다수의 교회들이 독재 체제를 지지하면서 그로부터 떨어지는 이익을 차지하려고 했다. 그러나 이 시기에도 비록 소수이긴 하지만 진보적인 그리스도인들을 중심으로 민주주의를 수호하는 최후의 보루로서의 역할을 감당했다.

민주주의를 향한 열망은 마침내 전두환 군부독재를 종식시켰고, 그 후로 한국 민주주의는 노태우와 김영삼으로 이어지는 10년간의 보수적 민주정부 하에서 완만하게 성장하다가, 김대중과 노무현으로 이어지는 진보적 민주정부 하에서 매우 빠르게 성장하였다. 이러한 시대적인 흐름 속에서 한국 기독교는 한편으로는 기독교윤리실천운동을 필두로 한 공명선거운동, 음란물퇴치운동 등과 같은 기독시민운동을 통해 민주주의의 발전에 긍정적인 기여를 했으며, 다른 한편으로는 좋은교사운동이나 토지정의시민운동과 같은 기독전문인운동을 통해 각각의 분야에서 민주주의를 구체적으로 실천하는 데 기여하기도 했다.

그러나 동시에 본격적으로 민주주의 발전을 퇴행시키는 흐름도 기독교 안에서 일어나기 시작했다. 그 동안 박정희-전두환 군부독재 시절에는 정교분리라는 이름으로 대다수의 성도들을 정치에 무관심하게 함으로써 독재에 동조하게 했던 교회의 지도자들은, 민주화가 본격적으로 정착하게 되자 이제는 정교분리의 원칙이 무색할 정도로 정부의 정책들을 비판하면서 민주화의 흐름에 역행하는 행태들을 보이기 시작했다. 특히 이러한 행태들은 북한과의 화해 및 협력의 흐름, 그리고 경제민주화의 흐름에 역행하는 것으로, 또한 박근혜 전 대통령의 탄핵을 반대하거나 석방을 촉구하는 것으로 드러나고 있다.


절망 속의 희망, 희망 속의 과제


이렇듯 민주주의에 역행하는 한국 기독교의 모습에도 불구하고 그나마 다행인 것은 이러한 흐름은 일부 지도자, 일부 연령대, 일부 지역에 국한되어 있다는 것이다. 비록 그들이 세력을 형성하고 목소리를 크게 내고 있기 때문에 마치 그들의 목소리가 한국 기독교를 대변하고 있는 것처럼 보일지 몰라도, 실제로 그들의 세력은 그렇게 크지 않고 오히려 약화되어 가고 있다. 이에 반해 기독교와 민주주의의 올바른 관계가 무엇인지를 고민하고 그 고민에 맞게 행동하려는 움직임들은, 비록 조직적이지 않고 체계적이지도 않지만, 점점 더 두터우며 탄탄해지고 있다.

그런데 오늘날 많은 그리스도인들이 일부 교회 지도자들의 반민주적인 행태에 동조하지 않고 지극히 상식적인 차원에서 촛불집회에 참여하고 새로운 민주정부의 탄생을 위해 투표하지만, 정작 그러한 자신의 행동에 대한 신학적인 정당성을 고민하는 데까지 나아가지는 못하고 있다. 그렇기 때문에 그리스도인으로서 이후 한국 민주주의 발전을 위해 무엇을 어떻게 해야 할지에 대해서도 구체적으로 생각하지 못하고 있다. 따라서 이러한 그리스도인들에게 한국 민주주의 발전을 위해 한국 기독교와 그리스도인들이 해야 할 역할이 무엇인지 성경에 근거한 올바른 신학과 행동 원리를 제시해주는 작업이 매우 필요해 보인다.


## 한국 민주주의의 성숙에
## 한국 기독교가 더 기여해야 한다


오늘날 한국 기독교는 전반적으로 약화되고 있다. 그래서 이러한 흐름을 반전시키기 위해 교회들마다 다양한 시도를 하고 있다. 그러나 교회가 지닌 제한된 힘을 단지 교인의 숫자를 늘

리는 일에만 쏟아 부을 것이 아니라 한국 사회의 민주주의를 성숙시키는 일에도 힘을 쏟아야 할 것이다. 그럼으로써 오랫동안 쌓여온 반민주 수구 세력이라는 잘못된 이미지를 벗고 민주주의 발전에 크게 기여하는 종교로 자리 잡도록 함으로써 이후 선교를 위한 소중한 교두보를 만들어가야 할 것이다.

# 역사와 현실,
# 그리고 하나님의 뜻

비록 자진사퇴로 막을 내리긴 했지만 지난 6월 여론을 뜨겁게 달구었던 문창극 총리 후보자의 역사인식 논란*을 보면서 마음이 많이 불편했다. 3년 전 온누리교회에서 했다는 특강 내용은 많은 그리스도인들 사이에서 공유되고 있는 인식일 뿐만 아니라 나도 그와 비슷한 생각을 하고 있었기 때문이다. 그래서 처음에 그의 글을 읽었을 때는 문제가 있음을 발견하지 못했다. 다만 그리스도인들 사이에서 이해될 수 있는 내용이라 하더라도 지금은 언제든지 일반인들에게도 공개될 수 있는 시대이기 때문에 다소 주의가 필요했다는 정도의 생각만 했을 뿐이다. 하지만 조금 더 자세히 읽기 시작하자 처음 읽을 땐 어색하지 않

---

* 2014년 6월 박근혜 대통령은 문창극 중앙일보 논설위원을 국무총리 후보로 지명했다. 그런데 문창극 후보가 3년 전 온누리교회에서 했던 특강에서 "조선이 일제의 통치를 받은 것은 조선 왕조의 허송세월에 대한 시련으로 주신 하나님의 뜻이고, 일본이 이웃나라인 것은 하나님께서 주신 지정학적 축복이다. 그리고 분단은 공산화를 막기 위해서, 6.25전쟁은 한국에 미국을 붙들어놓기 위해서 하나님께서 주신 것이다."라고 말했던 것이 알려지면서 그의 역사관에 대해 논란이 일어났다. 결국 그는 국무총리 후보에서 자진 사퇴했다.

았던 부분들이 조금씩 어색해지기 시작했다. 그것은 문창극 후보의 글을 통해 그 동안 내가 역사와 섭리, 하나님의 뜻과 관련해 지니고 있던 생각들 가운데 잘못되거나 위험한 부분들을 발견하는 과정이기도 했다.


## 분명히 아는 것과 다 알지 못하는 것 사이에서

역사의 주인이 하나님이시고 이 세상에 일어나는 크고 작은 모든 일의 배후에는 하나님의 섭리가 있다는 것은 분명한 사실이지만, 그 섭리의 내용과 구체적인 하나님의 뜻을 알기는 매우 어렵다. 물론 우리는 하나님의 성품과 그분께서 지금까지 해오셨던 일들에 비추어 그 역사 속에 담긴 하나님의 뜻을 유추해볼 수는 있다. 하지만 이러한 유추는 하나님의 깊은 뜻을 제대로 담아내기보다 내 생각과 감정 혹은 정치적인 성향을 반영하기가 쉽기 때문에 극히 주의해야 한다. 그래서 역사에서 하나님의 뜻이나 섭리를 이야기할 때는, 혹시라도 그것을 자신의 신념이 확실하다는 것을 보다 선명하게 드러내기 위한 도구로 사용하고 있지는 않은지, 그리하여 결과적으로 하나님의 이름을 망령되이 일컫거나 맹세하지 말라는 계명을 어기고 있는 것은 아닌지 돌아볼 필요가 있다. 또한 역사에서 드러나는 하나님의 섭리와 뜻을 많이 깨달았다 하더라도 이를 가급적이면 하나님과 나 사이의 영적인 비밀로 간직할 뿐 다른 사람들에게는 자신이 책임질 수 있는 최소한의 선에서 이야기하는 것이 바람직하다.

이런 점에서 한국의 근현대사가 하나님의 주권 아래 있었고 크고 작은 사건들의 배후에 하나님의 섭리와 뜻이 있었다는 문 후보자의 믿음이나 역사관 자체는 모든 그리스도인들이 공유하는 것으로, 일반인들에게도 당당히 이야기할 수 있는 것이라고 하겠다. 하지만 각 사건의 배후에 있는 하나님의 뜻이 구체적으로 무엇이었나 하는 부분과 관련해서는 문 후보자 개인의 역사관과 가치관이 깊이 드러나 있음을 볼 수 있다. 그는 조선이 일제에 의해 강점당한 것은 하나님께서 게으르고 전근대적인 우리의 민족성을 개조하여 근대화하기 위한 것이며, 분단은 공산화를 막기 위한 것이며, 한국전쟁은 미국을 한국에 깊이 개입시키기 위한 것이었다고 표현했다. 그런데 이러한 해석은 그야말로 식민지근대화론, 반공주의, 친미주의 같은 문 후보자의 가치관을 하나님의 뜻으로 표현한 것일 뿐이다. 물론 그가 역사와 하나님에 관해 깊이 묵상하는 가운데서 이러한 생각에 도달할 수 있고 또 이를 근거로 하나님께 기도할 수도 있다. 하지만 이런 생각을 교회의 공적인 모임에서 하나님의 뜻으로 단정하는 것은 자신의 한계를 넘어선 자만일 뿐이다.

## 윤치호와 김교신*

그렇다면 역사의 주인은 하나님이시고 모든 역사의 배후에 하나님의 섭리와 뜻이 숨겨져 있다고 믿는 그리스도인들은 이 땅의 역사를 어떻게 해석하며 살아가야 하는 것인가? 인간은 하나님의 뜻을 다 알 수 없기 때문에 아무 말이나 행동도 해서는 안 되는 것인가? 따라서 역사가 어떻게 흘러가든 나는 종교의 울타리 안에만 머문 채 세상의 역사에 대해서는 방관자로 살아야만 하는 것인가?

이에 대한 대답은 다시 역사에서 찾을 수밖에 없다. 문 후보자가 그의 강연에서 두 번이나 언급한 '윤치호'의 경우 혼란했던 조선이 나아갈 길을 찾던 중 기독교를 만나 회심한 인물이었다. 하지만 그는 기독교와 선진 서구문명을 일치시켰다. 그러다 보니 서구문명 자체가 절대적인 기준이 되었고, 이 기준에서 볼 때 일본의 강점으로 조선이 근대화되는 것은 불가피한 선택이었다. 결국 윤치호는 적극적인 친일의 선봉에서 활동하다가 해방이 되자 자살했다.

반면, 같은 시대를 살았던 '김교신'은 전혀 달랐다. 그 역시 조선이 나아갈 길을 찾던 중 기독교를 만나 회심했다. 또한 기독교가 기반이 된 선진 서구문명을 높이 평가했다. 하지만 그는

---

* 윤치호와 김교신과 관련된 보다 자세한 내용을 알고자 하는 분은 양현혜 교수님의 『윤치호와 김교신』(도서출판 한울, 2009), 『김교신의 철학』(이화여대 출판부, 2013)을 권한다.

윤치호와 달리 서구문명을 기독교와 일치시키거나 절대화하지 않았다. 오히려 그는 조선이라는 어두운 역사에서 십자가와 부활, 재림이라는 기독교의 진리가 갖는 의미가 무엇인지를 끊임없이 고민했다. 그 결과 그는 복음의 빛 아래에서 영원할 것 같았던 일제의 권력을, 그리고 화려해 보였던 서구의 선진문명을 상대화시킬 수 있었으며, 나아가 조선이라는 어두운 현실에 복음의 영원성을 접목시키는 데 온 힘을 쏟을 수 있었다.


## 영원의 빛 아래에서 이 땅을 살아가기

100년의 시간이 지난 지금에서 돌아보면, 같은 복음 위에서 조선의 미래를 찾고자 했던 윤치호와 김교신의 삶, 그리고 그 삶의 기저에 있는 신앙과 역사관의 차이가 분명하게 드러난다. 하지만 조선 말 일제강점기 시절에서 조선의 상황과 서구 선진문명의 격차를 생각할 때, 그리고 도무지 망할 것 같지 않던 일본 제국주의와 지리멸렬했던 독립운동 진영의 격차를 생각할 때, 이 모든 현실을 복음의 진리에 비추어 상대화하기란 쉬운 일이 아니었을 것이다.

육신을 입고 시공간의 한계를 지닌 인간은 그가 발 딛고 서 있는 현실의 정치, 경제, 사회, 문화적 권력과 그 영향에서 자유로울 수 없다. 그것은 비록 그리스도인이 이 땅의 모든 정사와 권세를 초월하는 영원한 진리 안에서 산다고 할지라도 마찬가지이다. 그래서 그리스도인은 자신의 한계를 늘 인식하고 눈에 보이지 않는 영원한 진리의 빛 아래에서 이 땅의 현실을 끊임없이 상대화하려고 노력해야 한다. 자신도 모르게 자신을 지배하고 있는 이 땅의 현실과 가치관을 벗어버리기 위해 몸부림쳐야 한다.

## 문 후보자 논란이 한국 교회에 남긴 과제

문 후보자의 역사관에 관한 논란은 한국 교회에도 상당한 파문을 던졌다. 한국 교회 안에서 상당히 존경받던 일련의 목회자 그룹과 신학자들이 문 후보자의 역사관을 지극히 성경적인 것이라고 찬성하는가 하면, 다른 그룹에서는 문 후보자의 역사관을 성경을 빙자해 자신의 가치관을 이야기한 것이라고 반박하기도 했다. 이 부분에 관해서는 한국 교회가 좀 더 많이 논의해서 정리할 필요가 있다.

그러나 이와 별도로 나는 이번 문 후보자의 역사관 논란을 보면서 "하나님께서 왜 이 시기에 문 후보자의 역사관을 드러나게 하셨을까?" 그리고 "하나님께서 이 사건으로 한국 교회와 그리스도인들에게 전하시려는 메시지는 무엇일까?" 하는 생각을 많이 했다. 그리고 생각 끝에 내린 결론은, 물론 이 역시 하나님의 뜻을 쉽게 단정해버리는 오류에 빠질 수 있겠지만, 무엇보다 한국 교회가 오늘날 우리 시대를 지배하는 분단이라는 정치적 현실, 극단적인 자본 중심의 경제적 현실, 양극화로 치닫는 사회적 현실을 복음의 능력으로 상대화하기는커녕 오히려 그러한 지배적 가치들을 그대로 교회 안으로 수용하고는 이를 하나님의 뜻이라고 신학적으로 정당화하는 것을 경고하시기 위함이라는 것이었다.

그렇다면 한국 교회는 문창극 총리 후보자의 낙마 사건을 하나의 해프닝으로 치부하고 그냥 넘겨버려서는 안 된다. 그에게 억울한 측면이 있든 없든 상관없이 이 사건이 한국 교회에 던져준 과제를 심각하게 붙들고 되씹어야 한다. 이 사건 역시 우연히 발생한 것이 아니라 하나님의 섭리 안에서 발생한 것이라고 믿는다면, 한국 교회와 그리스도인들은 이 사건을 통해서 하나님께서 말씀하시려는 바가 무엇인지 공론의 장을 통해 심도 깊은 논의를 해 나가야만 할 것이다.

# 손봉호,
# 그 이후

"선생님, 저희 출판사에서 펴내는 출판 소식지가 있는데,
여기에 손봉호 교수님의 신간 『잠깐 쉬었다가』에 대한 서
평을 써 주시겠어요?"

제자가 스승의 책에 대한 서평을 쓴다는 것이 내심 부담되
는 일이었지만, 그 책의 부제가 "따뜻한 남자 손봉호 교수의 훈
훈한 잔소리"였고, 책머리의 제목 또한 "알고 보면 나도 따뜻한
남자"였던 것이 기억나 내가 알고 있는 스승 손봉호의 인간적인
면을 함께 소개해도 좋겠다는 생각이 들어 응하기로 했다.

## 그리스도인이라고 해서 무식할 권리는 없다

내가 손봉호 교수님을 처음 뵌 것은 1984년 대학교 1학년
때였다. 손 교수님은 사범대학 사회교육과 교수였기에 내가 속
해 있던 윤리교육과와 연관성이 많아 나는 그의 수업을 여러 과

목 들을 수 있었다. 그리고 내가 소속해 활동하던 기독동아리의 지도교수도 맡으셨기 때문에 나는 대학교 1학년 때부터 손 교수님을 아주 가까이서 뵙고 교제하며 배우는 행운을 누릴 수 있었다.

동아리의 지도교수로서 한 학기 한두 번 전체모임과 수련회 등에서 그가 했던 강의들은 지금도 하나하나 기억이 날만큼 내 삶에 깊은 영향을 미쳤다. 특히 대학교 1학년 3월, 동아리의 개 강예배 때 했던 첫 강의는 내 대학생활의 기본 지침이 되었다. 그는 한국 교회의 반지성적인 풍토를 매우 안타까워하면서 기독 대학생들이 성경에 대한 지식은 물론이고 이 세상과 학문의 흐름에 대해 더 깊게 공부해야 한다고 역설했다. 그때 그가 했던 "그리스도인이라고 해서 무식할 권리는 없다."라는 말이 가슴 깊이 박혔다. 이뿐 아니라 그리스도인은 비판적으로 사고할 수 있어야 한다고도 강조했다. 즉, 하나님과 그분의 말씀만이 절대적이라고 믿는다면 그 외 세상의 모든 이론을 상대화할 수 있고 비판적으로 바라볼 수 있어야 한다는 것이었다. 따라서 시대와 역사에 대해 아무런 의식 없이 학점과 출세만 바라보는 것이 기독 대학생으로서 가장 좋지 않은 태도라 하겠지만, 그렇다고 사회를 변혁하고 민중을 위해 살겠다고 뜻을 정한 그리스도인들이 마르크스의 이론을 절대화하고 독선에 빠지는 것도 바람직하지 않다고 누누이 강조했다.

이렇게 때를 따라 지성과 영성을 일깨우는 좋은 강의를 해주었지만, 지도교수로서 교수님의 역할은 여기에서 끝나지 않았다. 그는 수련회 때마다 마치 돈을 맡겨놓은 듯이 찬조금을 요청하는 우리의 손길을 한 번도 거절하지 않았다. 뿐만 아니라 그의 연구실을 우리의 모임방으로 내주기까지 해서 사실 그의 연구실은 저녁 시간만 되면 우리 동아리의 아지트로 돌변하곤 했다. 가끔 연구실에 남아 있다가 우리가 쳐들어가면 미안한 듯이 서둘러 방을 비워주던 그의 모습을 지금도 기억한다. 또한 한 학기에 한 번 정도는 1학년 신입생들을 불러 설렁탕을 사주면서, 열심히 전도해서 다음 학기에 지금보다 두 배 많은 친구들을 데리고 오면 더 맛있는 것을 사주겠다고 웃으면서 이야기하곤 했다.

## 그가 화를 낼 때

그는 학부 과정에 '사회와 철학' 및 '사회윤리'라는 두 과목을 개설했는데, 나는 두 강의를 모두 신청해서 들었다. 그는 정해진 강의 시간을 1분도 빼먹는 일이 없었다. 당연히 휴강은 절대 하지 않았다. 그리고 한 강좌당 철학 고전을 열 권 이상 읽고 서평을 쓰는 것을 비롯해 과제가 많았을 뿐 아니라 학점도 짜기로 유명했다. 그가 단회적이긴 했지만 종교학과에서 개설한 '기독교 개론' 강좌를 맡은 적이 있었다. 그러자 각 기독동아리의 리더들은 물론이고 신앙생활을 좀 한다는 학생들이 대거 몰려들었다. 그때 그가 보고서나 시험에 학문적으로 임하지 않고 신앙고백적으로 답하는 사람에게 제일 낮은 점수를 주겠다고 경고해서 경건파 학생들이 긴장했던 기억이 난다.

손 교수님의 강의는 철학과 사회사상의 흐름을 전체적으로 꿰고 있지 않고서는 할 수 없을 만큼 깊은 내용을 담고 있으면서도 동시에 명료하고 쉬운 언어로 진행되었다. 여기에 당시 한국 사회가 안고 있는 현실과의 접촉점까지 잃지 않았던 것으로 기억된다.

그는 개인윤리와 구분되는 사회윤리의 영역, 개인의 도덕성 차원을 넘어서는 사회구조 문제의 본질과 그 힘에 대해 잘 알고 있었다. 그는 이론적인 차원에서 마르크스주의나 신新마르크스주의에 대해 잘 이해하고 있었을 뿐 아니라 해방신학이 발생할 수밖에 없었던 남미의 역사적인 상황에 대해서도 깊이 공감하고 있었다. 당연히 군부독재로 말미암는 불의에 대해 누구보다도 깊은 분노를 안고 있었다. 하지만 그렇다고 해서 모든 것을 사회구조의 문제로 설명하면서 정작 그 속에 있는 개인의 윤리적 책임을 등한시 하는 것에 대해서도 똑같이 극도로 경계했다.

당시의 시대적 상황이나 캠퍼스의 분위기에서 개인윤리를 강조하는 것은 무식하다는 소리를 듣거나 비겁쟁이라는 욕을 먹기에 딱 좋은 상황이었다. 실제로 학생들 중에는 손 교수님에게 위선자라는 비난을 담은 장문의 편지를 보내는 경우도 있었다. 가끔 그는 그 편지를 우리에게 보여주며 "허! 내가 어떻게 답해야 하나?"라고 웃곤 하였다.

이러했던 그가 강의 시간에 딱 한 번 화를 내는 것을 본 적이 있었다. 당시 민중혁명을 강조하던 캠퍼스의 분위기에서 한 학생이 농민과 노동자의 민중적인 성격은 강조하면서 정작 장애인을 폄훼하는 말을 했을 때였다. 그때 그가 정색을 하면서 그 학생을 꾸짖는 것을 보고 놀랐던 기억이 난다. 그로 인해 나를 비롯해 많은 친구들이 당시 계급으로서 농민과 노동자의 민중적인 성격에 대해서는 많이 생각하였지만, 구체적인 삶의 정황에서 어쩌면 농민이나 노동자보다 더 열악한 형편에 있을 장애인 등의 소외층에 대해서는 전혀 인식하지 못하고 있었던 위선에 대해 뼈저리게 반성하는 계기가 되었다.

## 그의 시대, 우리의 숙제

손 교수님은 1987년에 기독교윤리실천운동을 시작하면서 시민운동에 본격적으로 뛰어들기 시작했다. 물론 그보다 10년 전인 1976년에 서울영동교회를 개척한 이래 거의 매주 설교자로 봉사하고 있었고, 장애인 선교 단체인 밀알선교회도 섬기고 있었다. 그렇지만 기독교윤리실천운동이 우리 사회에서 본격적으로 일어나기 시작한 시민운동의 흐름과 맞물리면서 그는 더욱 바빠지기 시작했다. 설교와 시민운동 외에도 사회 각 분야에서 변혁을 꿈꾸며 운동을 시작한 사람들이 단체의 공신력을 얻기 위해 손 교수님에게 도움을 요청했고, 사회적 갈등을 공정하게 다루어야 하는 정부의 여러 위원회에서도 손 교수님을 필요로 했다. 또한 사회에서 윤리적인 문제가 발생하면 언론들도 제일 먼저 손 교수님에게 인터뷰나 기고를 요청했다.

그런데 이러한 상황이 나를 포함해 손 교수님을 잘 아는 제자들에게는 약간 불만이기도 했다. 우리로서는 손 교수님과 같은 지적 역량과 시대적인 혜안을 가진 분이 그 당시 사회의 빈 부분들을 메꿔주는 역할에 머물기보다는 우리 시대의 본질을 밝히고 기독교적 지성의 빛을 비추는 연구 성과를 내는 일에 집중해 주었으면 하는 바람이 컸기 때문이다. 그래서 손 교수님이 대학교의 교수직을 은퇴할 즈음에는 연구소를 설립해 학문을 연구하고 제자를 양성하며 책을 써 주실 것을 직간접으로 당부하기도 했다.

이러한 고민을 손 교수님도 하지 않았을 리가 없다. 그가 고故 윤종하 장로한국 성시유니온 초대 총무의 장례식에서 "저는 단호하지가 못해서 제가 하고 싶은 일보다는 제게 주어진 일을 하고 살았지만, 윤 선배님은 자신이 하고 싶은 일을 하고 사셨습니다. 그런 의미에서 저는 윤 선배님이 부럽습니다."라고 말했던 것은 이런 고민의 한 흔적일 것이다. 하지만 다른 한편에서 그는 학자의 테두리 속에 갇힌 언어보다는 보다 많은 사람들의 생각을 깨우치고 영향을 미치며 고통을 덜어주는 보다 대중적인 사역, 다시 말해 보다 직접적으로 사람과 사회에 영향을 미치고 고쳐나가는 사역에 더 큰 의미를 두었는지도 모른다.

한 사람이 모든 것을 다 할 수는 없다. 제자들이 그에게 요구했던 작업은 그것을 요구했던 바로 그 사람들의 몫일지도 모른다. 이런 의미에서 위대한 스승을 두었다는 것은 그 자체로 하나의 축복이지만 동시에 그만큼 큰 숙제를 떠안는 일인지도 모르겠다는 생각이 든다.

# 몸으로 믿음으로 가는
# 끝이 없는 길

"병오야! 내가 올해부터 기윤실에 매월 5만원씩 후원하기로 했다."라고 하시며 어머니께서 새 해 첫 주 5만 원 봉투를 내미신다. 어머니께 기윤실 재정과 관련된 이야기를 한 번도 한 적이 없었는데, 기윤실 재정이 어려운 것을 어떻게 아셨는지 후원하시겠다고 하신 것이다. 내가 좋은교사운동을 처음 시작해서 이후 쭉 섬겨올 때도 어머니께서는 하루도 빠짐없이 좋은교사운동의 기도책자를 보면서 기도해오셨다. 그 기도제목과 기도문을 직접 작성한 나조차도 그 기도를 빠뜨릴 때가 많은데 말이다.

## 기윤실 공동 대표로서의 어려움

2017년 1월부터 기윤실 공동대표로 섬기고 있다. 처음에는 좋은교사운동 대표로서의 경험을 살려서 충분히 감당할 수 있으리라고 생각했다. 하지만 막상 일을 해보니 좋은교사운동 대표로 일할 때와는 확연하게 차이가 있다. 물론 좋은교사운동 대표로 일할 때는 학교를 휴직하고 풀타임 상근을 한 데 반해, 지금 기윤실 대표는 학교 근무를 하면서 비상근으로 일해야 한다는 점에서 큰 차이가 있기도 하다. 하지만 이보다 더 큰 차이는 좋은교사운동의 사역들은 교육과 관련된 일만 다루는 데 반해, 기윤실의 사역은 한국 사회 및 한국 교회의 전반에 관해 다루지 않는 영역이 없을 정도로 광범위하다는 것이다.

물론 나도 한국 사회와 한국 교회의 일원으로서 많은 고민들을 해온 사람이니만큼 전혀 문외한이라고는 할 수 없다. 더군다나 시민운동이라는 것이 건전한 시민의 상식에 기반한 운동이 아니던가? 하지만 막상 시민이나 교인의 건전한 상식에 의해 포착된 문제를 해결하자고 목소리를 모으고 대안을 제시하려고 보니까 정작 상식만으로는 되지 않는 것이 많았다. 어떤 문제에 관해 목소리를 내더라도 그것이 보다 많은 사람들의 마음을 움직이는 공감대를 형성하게 하려면 훨씬 많은 에너지와 전문성이 요구되었다. 여기에 어떤 하나의 문제가 동떨어져 존재하는 것이 아니고 여러 복잡하고 다양한 영역들이 함께 얽혀있는 것이라서 보다 높은 전문성과 정밀한 접근이 요구되기도 했다.

## 사람을 모으고 일할 수 있도록 지원하는 일

이렇게 기윤실의 전반적인 상황을 파악하면서 대표로서 내가 해야 할 일에 대해 어느 정도 윤곽을 잡아가기 시작했다. 그것은 기윤실이 해야 할 주요 이슈들에 대해 건전한 신앙과 탁월한 전문성 및 시대의 아픔에 공감과 열정을 가진 전문가들을 모아서 그들이 그 이슈들에 관해 충분히 논의할 수 있는 장을 만들어주는 것이었다. 물론 기윤실이 집중해서 다루어야 하는 문제가 무엇인지, 그리고 그 문제를 어떤 방향으로 풀어가야 하는지에 관한 결정은 대표의 고유한 몫이었다. 하지만 이런 문제조차도 한국 교회와 한국 사회의 문제에 관해 탁월한 안목을 가진 사람들을 모아서 그들과 집중적으로 논의하는 집단지성의 도움을 받음으로써 많이 해결될 수 있었다.

기윤실 대표로서 지난 3년간 사역하면서 나는 각 분야별 전문가들을 모으고 그들이 기윤실 운동의 비전과 방향에 맞는 큰 틀 안에서 스스로의 자생력을 가지고 운동할 수 있도록 지원하는 일incubating에 가장 많은 에너지를 쏟았다. 그리고 그런 식으로 한 분야의 전문가들과 10여 차례 모임을 하다 보니 그 분야에 문외한이었던 나도 어느 정도 안목을 갖게 되었고, 그들도 기윤실 운동의 비전과 방향에 맞게 그 분야에서 어떤 일을 할수 있을지 생각을 정리하게 되었을 뿐 아니라 그들 가운데 리더십도 세워지고 동역자 의식도 생기게 되었다. 3년 동안 이러한 모임이 4~5개 정도 생기면서 기윤실 운동이 좀 더 구체성을 더하게 되었다.

## 머리를 맞대고 몸부림친 것만큼만 남는다

물론 이 과정들 하나하나가 결코 쉽게 이루어진 것은 아니었다. 일단 신앙적으로 신실하고 자기 분야에 전문성을 가지고 있으면서 동시에 이 세상을 바꾸고자 하는 열정을 가진 사람들을 찾기가 쉽지 않았다. 설령 찾는다 하더라도 대개 그런 사람들은 이미 다른 의미 있는 일로 충분히 바쁜 사람들이었다. 그런 사람들에게 또 다른 사역과 그 의미에 관해 설명하고 모임으로 이끌어오기란 여간 어려운 일이 아니었다. 더군다나 여러 가지 일로 바쁜 사람들의 시간을 맞추려다 보니 새벽 시간에야 겨우 모일 수 있는 경우가 많았다. 물론 그 모임에서 진행되는 논의를 따라가려면 나 역시 어느 정도는 학습해야만 했다. 그래야 그들의 전문성을 묶어서 의미 있는 운동을 제시하고 끌어갈 수가 있었기 때문이다.

하지만 아무리 피곤하고 힘든 과정이라 하더라도 이와 같이 직접 몸으로 감당해내지 못한다면, 그에 맞는 실효성 있는 운동 또한 일어나기가 어렵다. 결국에는 사람과 사람이 얼굴을 맞대고 이야기하는 과정을 통해서 역사가 일어나기 때문이다. 또한 그렇게 해야만 사람이 남고 역량이 축적되는 것이다. 물론 간혹 어떤 유력한 사람이 한 마디 하면 사람이 모이고 돈이 모이고 일이 진행되기도 하지만, 이런 일은 대부분의 평범한 사람들에게나 대부분의 일상에서는 일어나지 않는다. 우리는 늘 기적을 바라지만 현실은 냉정하리만큼 정직하다. 대부분의 경우 나 자신이 움직이고 땀 흘리고 부대끼고 머리를 맞대고 고민하고 실천한 만큼만 남는 법이다.


## 좋은교사운동 대표 때도 그랬구나

다시 생각해보면 좋은교사운동 대표를 할 때도 정도의 차이는 있었지만 이와 비슷하게 했던 것 같다. 물론 그때는 풀타임으로 상근했고 또 교육문제를 다루니까 내가 직접 할 수도 있었고 해야 하는 일도 더 많긴 했다. 하지만 교육문제에 관해서도 내가 자세히 모르거나 할 수 없는 일들이 꽤 많았다. 그래서 어떤 문제가 생기면 그 문제와 관련된 교사들을 모아서 간담회를 진행하곤 했었다. 그런 간담회를 통해 현장의 생생한 목소리를 들으면서 당면한 문제를 어떻게 보고 또 해결해가야 할지 감을 잡곤 했다.

뿐만 아니라 실제 학교 현장에서 골머리를 앓고 있는 문제들에 대해 실효성 있는 대안을 제시하기 위해서는 그 분야에 좀 더 깊은 안목과 실천 경험을 지닌 사람들을 상근자로 세울 필요가 있었다. 그리고 그 상근자들로 하여금 그 분야를 좀 더 깊게 고민하도록 하였다. 그런 다음 내가 했던 일은 그들과 이야기를 나누는 것이었다. 나는 그들이 연구하고 파악한 문제의 원인에 대해, 또한 그들이 제시하는 대안에 대해 계속해서 문제를 제기하면서 혹시나 그들이 놓치고 있는 부분은 없는지 찾을 수 있도록 했다. 그럼으로써 그들의 생각과 제안들을 더 세밀하게 다듬고 학교 현장에 보다 적합한 대안들로 정교화할 수 있도록 도왔다. 그런데 지금 기윤실 대표로서 내가 하는 일들 역시 그때 좋은교사운동에서 했던 일들과 본질적인 측면에서는 서로 맞닿아 있는 것 같다.

## 적자재정의 무게를 이겨내며, 믿음으로!

당연히 이 모든 과정을 나 혼자서 하는 것은 아니다. 함께 동역하는 사람들이 있어서 역할을 분담한다. 실무적인 일을 감당해주는 풀타임 간사들도 밤낮없이 수고하고 있다. 하지만 그렇더라도 내가 맡은 역할을 게을리할 수는 없다. 더군다나 대표로서 내게 맡겨진 고유한 일이 있다. 그것은 각 분야의 자원봉사 전문가들이 자기 역할을 잘 감당하도록 독려하는 일과 풀타임 상근 간사들이 운동을 잘 뒷받침하도록 유기적으로 일할 수 있게 돕는 것이다.

그리고 무엇보다 중요한 것은 운동을 위한 재정을 확보하는 일이다. 물론 재정을 확보하는 일은 언제나 어려운 과제이다. 하지만 시민단체가 그것도 기독시민단체가 재정을 다 확보한 다음에 그 재정에 맞는 정도의 일만 할 수는 없다. 최대한 재정확보를 위한 계획을 세우되 때로는 재정이 확보되지 않았더라도 믿음으로 일을 추진하는 결단도 감행해야 한다. 너무 과하지만 않다면 적자 재정이 시민운동의 건강성을 확보하는 한 가지 조건이 될 수 있다. 따라서 이렇게 긍정적인 마음으로 나부터 적자 재정에 눌리지 않고 정말 필요한 일이면 일단 추진하는 담력과 믿음을 유지해야만 한다.

새해 어머니가 주신 월 5만 원의 작정을 하나님께서 기윤실의 재정을 풍성하게 채우시리라는 표적으로 믿고 더욱 열심히 기윤실 대표로서 주어진 사역을 감당하고자 한다. 주님께서 한국 사회와 한국 교회의 어둠을 밝히시는 이 일에 한국 교회의 영적, 물적, 인적 자산을 조직해서 기여하게 함으로써 교회를 새롭게 하며, 나아가 한국 사회가 한국 교회를 통해 소망의 빛을 발견할 수 있도록 더욱 매진하고자 한다.

# 기술사회, 민주주의, 영성

최근 핸드폰을 바꿨다. 7~8년 정도 썼던 2G폰의 액정 화면이 잘 보이지가 않아 도무지 더 이상 사용할 수가 없어 고민하던 차에 우체국 알뜰폰으로 바꿨더니 요금이 1/2이하로 내려갔다. 하지만 그 동안 거센 스마트폰의 바람에도 굴하지 않고 고집하던 2G폰이 더 이상 생산되지 않는다고 해서 결국 3G폰으로 바꾸게 되었다. 그리고 정들었던 019번호도 010으로 바꾸게 되었다.

## 나도 나름 Early adopter

내가 원래부터 기계에 관심이 없어 문과를 선택한 건지 아니면 문과 공부를 하고 그 계통으로 살아오다 보니 기계에 관심이 사라진 건지는 잘 모르겠지만, 어쨌든 나는 기계에 관심이 별로 없다. 당연히 자동차든 핸드폰이든 새로운 기계에 대한 욕망도 거의 없는 편이다.

그렇지만 최소한 핸드폰과 관련해서는 비교적 Early adopter

의 길을 걸어왔다. 우선 개인 휴대 전화기의 효시라 할 수 있는 삐삐가 1990년대 초에 처음 나왔을 때 비교적 초기에 이를 구입했다. 그 즈음 기독교사운동에 눈을 뜨면서 몇몇 기독교사들과 전국의 기독교사들을 일깨우고 조직할 수 있는 방안을 두고 늘 고심하며 사람을 만나던 터였는데, 삐삐는 이러한 활동에 효율성을 높여주는 중요한 수단이었기 때문이다.

그러다가 본격적으로 대중화된 개인 전화기인 PCS폰이 막 보급될 즈음인 1998년 초에 다시 PCS폰을 구입했다. 당시 1998년 여름에 제1회 기독교사대회를 준비하던 중이었는데, 한 명의 상근자도 없이 몇몇 교사들만으로 1,000명의 기독교사들이 모이는 집회를 학교에 근무하면서 준비하던 중이었기 때문에 PCS폰이 그야말로 사무원 역할을 톡톡히 했었다. 이때만 해도 우리 학교에서 내가 제일 먼저 PCS폰을 구입해 주변의 부러움을 사곤 했다.


일단 멈추기로 했다


하지만 딱 거기까지였다. 이후 핸드폰이 보편화되면서부터는 기능과 디자인의 측면에서 고급화 경쟁이 시작되었다. 그때부터는 핸드폰과 관련된 기술이 실용의 차원을 넘어 과도하게 상업화되고 있다는 거부감이 들기 시작했다. 그리고 핸드폰이 사람과 사람을 보다 효과적으로 연결시켜주는 긍정적인 면보다는 사람을 개별화시키고 비인격화시키는 부작용을 더 많이 낳고 있다는 생각에 거부감은 갈수록 커져갔다. 그렇지만 핸드폰의 보편화 추세를 홀로 거스를 수는 없는 일이었다. 그래서 최소한 유행이나 첨단 기능에 뒤졌다고 해서 멀쩡한 핸드폰을 교체하지 않겠다는 원칙을 세웠고, 또 설령 부득이하게 핸드폰을 교체해야 할 때도 최소한의 기능과 비용을 고려하는 소극적인 저항을 해왔다.

그런데 이렇게 핸드폰의 고급화에 대해서도 불필요한 기술, 과소비라고 생각하던 차에 이제는 스마트폰까지 출현하게 되었다. 기술의 혁신이라는 면에서 스마트폰은 혁신 중의 혁신임이 분명했고, 이후 이것이 사람들의 생활양식을 혁명적으로 바꾸어놓을 것이라는 사실은 부인할 수 없는 일이었다. 하지만 스마트폰 기술이라는 것이 인간의 고통이나 불편을 해결하기 위한 응답 차원이 아니라, 기술 자체의 발전 논리나 상업화 또는 자본의 논리에 따라 인류가 그 전에 느끼지 못했던 필요를 창출한 결과라는 것도 분명한 사실이었다. 그리고 이러한 방식의 기술의 발전이 과연 인간을 더 인간답게 하고 풍요롭게 할 것인가 하는 부분에 대해서도 비록 짧은 소견이지만 부정적인 면이 더 많다고 판단했다.

그래서 일단 스마트폰 기술 앞에서 멈추기로 했다. 언제까지 그럴 수 있을지는 몰라도 최소한 버틸 수 있는 데까지 버텨보기로 했다. 그 결과 혼자 카톡을 할 수 없는 관계로 주변에 많은 민폐를 끼치기도 했고, SNS 소통에 참여하지 못함으로 젊은 사람들과 적극적인 소통을 할 수 없는 것이 마음에 걸리기도 했다. 그래서 한 때 컴퓨터로 카톡이나 페이스북, 밴드를 하는 등 나름 몸부림을 치면서 어떻게든 스마트폰을 사지 않고 최대한 버텨왔다. 그러다가 최근 3G폰으로 교체해야 하는 상황에서 또 다른 고민을 하고 있다.

## 단지 나이든 세대의 기술부적응인가?

스마트폰에 대한 나의 이러한 저항이 나이가 든 이후 밀려오는 기술의 변화에 잘 적응하지 못하는 꼰대의 자기변명일 수도 있다. 어떻게 보면 스마트폰보다 더 혁명적인 기술이라고 할 수 있는 전화, 텔레비전, 개인용 컴퓨터, 인터넷 등도 내가 10대 혹은 20대에 경험했기에 당연하게 받아들이지 않았던가? 그리고 이러한 기술에 잘 적응하지 못하는 윗세대들을 늙었다고 비웃지 않았던가?

그리고 기술이라는 것은 원래 그 자체로는 중립적인 것이 아닌가? 그 기술을 선한 사람들이 선하게 활용하면 얼마든지 자신과 이웃에게 선을 끼칠 수 있는 것인 반면, 악한 사람이 악하게 활용하면 자신과 이웃에게 해를 끼치게 되는 것이 아니겠는가? 기술 자체의 진보를 가로막고 고민하는 그 시간에 이미 개발된 기술을 선하게 활용하고 부작용을 방지하는 것을 고민하는 것이 더 필요하지 않겠는가?

기술사회의 도전, 어쩌라고?

이런 반론들이 틀린 말이 아니고 또 이러한 노력 외에 딱히 대안이 있는 것도 아니다. 하지만 기술은 그 자체로 결코 중립적인 것이 아니며, 특히 산업혁명 이후의 '현대기술'은 그 이전의 '전통적인 기술'과는 차원이 다르다는 철학자들의 지적에도 귀를 기울일 필요가 있다. '현대기술'은 인간의 필요에 따라 발전하는 것이 아니라 기술 자체의 필요에 따라 발전하는 경향이 있다. 그리고 그러한 기술의 발전은 어느새 인간이 통제할 수 없는 거대한 기술 시스템을 만드는 데까지 이르렀다. 따라서 이제는 인간의 필요가 기술의 발전을 이끄는 것이 아니라 기술의 발전이 인간의 필요를 만들어낸다. 어느덧 기술은 그 시스템 안에 있는 모든 사람의 삶을 통제하는 지배자가 되었다. 지금은 이러한 기술 시스템이 가져오는 위험에 대해서 알고는 있지만 어느 누구도 이를 멈추거나 통제할 수 없는 상황이 되었다.

사실 이러한 기술사회 혹은 위험사회의 문제점에 깊이 관심을 가진 사람들이 많지 않을 뿐더러 혹 설명을 듣더라도 대부분 "알겠는데, 그래서 어쩌라고?" 하는 식으로 반응한다. 그러면서 현대인을 편리하게 만드는 대부분의 기술문명을 거부하고 17세기 산업혁명 이전의 상태로 돌아가 인생의 참 의미를 묻는 아미쉬 공동체*나 브루더호프 공동체**처럼 살라는 말이냐고 묻기

---

* 주로 미국 펜실베이니아주와 캐나다 온타리오주에 거주한다. 이들은 재세례파가

도 한다. 물론 나는 이러한 공동체의 의미에 대해서도 깊이 관심을 가질 필요가 있다고 생각한다. 그들을 비현실적인 이상주의자로 취급할 것이 아니라 현재 우리를 꽉 죄고 있는 기술사회를 극복할 수 있는 영감을 얻을 수 있는 대안으로 삼을 필요가 있다.


## 천천히, 성찰해가면서

보다 현실적으로 나는 기술의 발전을 조금 더 천천히 따라가자고 제안한다. 기질적인 Early adopter들이야 열심히 앞선 기술을 따라가겠지만, 그 외의 사람들은 혹시 기술을 따라가지 못하면 뒤처지는 사람이 되지는 않을까 하는 염려를 버리고 조금 더 기술을 숙고하면서 천천히 따라가면 좋겠다. 그리고 아무리 기업이 상업적인 논리로 계속해서 새로운 기술을 개발해가더라도 소비자들은 기업의 속도에 허겁지겁 맞추기만 할 것이 아니라 새로운 기술의 명암에 대해 숙고하고 논의하면서 조금 더 느리게 기술을 따라가는 문화를 만들었으면 좋겠다. 나아가 기술

보수화되면서 등장한 교파의 성격답게 자동차나 전기·전자제품, 전화, 컴퓨터 등 현대문명 거부로 유명하며, 종교적 이유로 스스로 외부세계와 격리한 채 생활한다—위키백과 참조.

** 1920년 에버하르트 아놀드(Eberhard Arnold)에 의해 독일에서 설립된 재세례파 기독교 공동체이다. 현재는 미국과 영국, 독일, 오스트리아, 파라과이, 호주 등에 자리하고 있다—위키백과 참조.

의 발전 속도와 내용을 기술자들과 기업가의 손에만 맡겨놓을 것이 아니라 이 기술이 우리 사회와 미래에 미칠 영향에 대해 공론의 장에서 이야기하고 사회 구성원들이 민주적으로 합의해 가는 과정을 거치도록 할 수 있었으면 좋겠다.

특별히 그리스도인들은 기술은 중립적이라는 신화를 무비판적으로 받아들이지 말고 새로운 기술이 가져올 수 있는 영적인 영향에 대해 민감하게 생각하는 훈련을 해야 할 것이다. 그리고 할 수 있다면 교회 차원에서 이를 바라보는 관점이나 바람직한 활용 방안에 대해서 함께 논의하고 실천했으면 한다. 이는 개인이나 교회 차원에서 실제적인 영적인 훈련이 될 것이고, 기술사회와 위험사회로 브레이크 없이 달려가는 우리 사회에 기독교가 빛과 소금의 역할을 실제적으로 감당할 수 있는 길이 될 것이다.

# 성경, 역사, 교육

## 왜 번역의 틀을 활용하셨을까?

나는 성경을 읽을 때 여러 개의 번역본을 펼쳐놓고 읽는 것을 좋아한다. 개역개정을 기본으로 하되 새번역과 공동번역 성경을 대조해서 읽다 보면 개역개정에서는 보지 못했던 부분을 보게 되거나 성경이 말하고자 하는 메시지의 풍성함에 조금 더 다가서는 느낌을 받을 때가 많다. 그리고 한글 번역들만으로 메시지가 정확히 잡히지 않을 때는 부족한 영어 실력이지만 영어 번역본을 대조하기도 한다. 이런 과정을 거치다보면 성경의 원어인 헬라어나 히브리어를 배우지 않은 것을 한탄하게 된다.

이렇게 헬라어와 히브리어에까지 생각이 미치게 되면 이와 관련해서 여러 가지 다른 생각들도 하게 된다. 만약 하나님께서 인간들에게 정확무오한 말씀을 주고자 하셨다면 각 나라의 백성에게 각 나라의 언어로 된 말씀을 주시지, 왜 헬라어와 히브리어로 된 말씀만을 주셨을까? 아무리 인간들이 노력한다고 해도 번역은 본질적으로 원문의 뜻을 정확히 담아내지 못하고 부분적인 오역이나 부정확한 표현을 포함할 수밖에 없다는 것을 하나님께서는 모르셨을까?

번역의 불완전성보다 더 충격적인 것은 하나님께서 맨 처음 주셨던 히브리어 성경 또는 헬라어 성경의 원본이 현존하지 않는다는 것이다. 지금 우리에게 있는 원어 성경은 모두 사본들이다. 더군다나 그 사본들도 부분적으로는 표현이 조금씩 다르기도 하다. 따라서 만일 하나님께서 전능하신 분이고 또 기독교에서 성경이 갖는 중요성을 생각하셨다면 최소한 성경 원본만큼은 보존되게 해주셨어야 혼란이 없었을 것이 아닌가, 대체 하나님께서 그렇게 하지 않으신 이유는 무엇일까 하는 생각을 하게 된다.


## 성경의 내용이 서로 다르다니?


번역이니 사본이니 내가 어찌할 수 없는 문제들은 차치하고 그냥 주어진 한글 성경이라도 열심히 읽자는 마음으로 성경을 읽다 보면 성경이 한 사람에 의해 체계적으로 기록된 책이 아니라는 현실에 다시 한 번 부딪히게 된다. 성경은 여러 시대에 걸쳐 수십 명의 저자에 의해 여러 가지 다른 문학적 양식으로 기록되었다. 그러다 보니 어떤 부분에서는 같은 내용이 서로 다른 관점에서 기록된 경우도 있고, 어떤 표현들에서는 미묘하게 차이가 느껴지기도 한다.

심지어 하나님께서 직접 두 개의 돌판에 새겨주셨다는 십계명의 내용조차도 출애굽기와 신명기의 내용이 정확히 일치하지가 않는다. 예수님께서 직접 가르쳐주셨던 주기도문의 내용도 마태복음과 누가복음의 문구가 서로 차이가 있다. 비단 십계명이나 주기도문만이 그런 것이 아니다. 사무엘서 및 열왕기서의 역사 기록과 역대기서의 역사 기록도 그 내용이나 관점에서 차이가 있다. 이러한 차이가 가장 많이 나타나는 곳이 사복음서이다. 사복음서는 관점이나 내용의 구성에서만 다른 것이 아니라 어떤 경우에는 사실 관계에서도 차이가 나는 곳이 있다.

## 신학은 해결자인가?

이러한 문제를 해결하기 위해 신학이 등장했다. 신학은 여러 가지 성경의 사본 가운데 어느 사본이 원본에 가장 가까울지를 연구했으며, 또한 같은 내용을 여러 관점에서 다루었거나 얼핏 보기에 일치시키기 힘든 본문들을 어떻게 해석하고 조화시킬지에 관해서도 많은 연구들을 진척시켰다. 그리고는 여러 가지 다양한 문학 장르와 다양한 저자들의 내용을 나름의 체계를 잡아 '신론', '기독론', '교회론', '성령론' 등의 틀로 정리했으며, 이를 일반 성도들에게 잘 이해시키고 교육하기 위해 신앙고백서나 교리문답을 만들어내기도 했다.

하지만 인간이 아무리 잘 정리된 틀로 성경의 내용을 체계화할지라도 성경의 모든 부분을 그 틀 안에 완벽하게 다 담아낼수는 없다. 그러다 보니 이를 정리하는 사람에 따라 여러 가지다른 해석과 신학들이 등장하게 되었다. 심지어 그러한 해석과신학의 차이로 말미암아 교회가 분열되기도 했다. 이것은 성경이 갖는 여러 형태의 다양성에서 통일성을 찾으려는 시도가 분명히 필요하긴 하지만 동시에 그것이 지닌 한계 또한 분명하다는 사실을 보여준다.

## 표면적 정확성을 넘어 총제적 정확성으로

그렇다면 하나님께서는 왜 처음부터 잘 정리되고 체계화된조직신학의 형태로 성경을 주지 않으시고, 그보다는 사람들의밑바닥을 드러내는 삶의 이야기 형태로, 너무 과하다 싶을 정도로 적나라하게 감정을 표출하는 시와 노래와 기도의 형태로, 시대의 불의를 향해 부르짖는 외침과 저주, 축복의 형태로, 아무리읽어도 이해가 되지 않는 묵시의 형태로 성경을 주셨을까? 아마도 그것은 우리 인간의 삶이 수많은 일상과 다양한 감정으로,정의와 불의에 대한 감수성으로, 그리고 현실을 넘어서는 꿈으로 구성되어 있기 때문이 아닐까? 나아가 우리 하나님께서는 해석이 필요 없는 한 가지 계명으로 모든 인간을 획일적으로 통치하시는 분이 아니라 다양한 인간의 삶에 가장 적절한 모습으로다가오시며, 인간이 가진 복잡다단한 삶과 감정의 상황에 일일이 응답하시는 분이기 때문이 아닐까?

아무리 정교하고 정확한 언어로 하나님을 표현한다 해도 인간의 언어로 어떻게 하나님을 다 표현할 수 있을까? 그리고 다 표현하지 못하면서 어떤 식으로든 부분적으로 표현했을 경우 거기에는 또 다른 오류나 왜곡의 가능성이 있을 수밖에 없지 않을까? 그렇다면 차라리 특정한 인간이 특정한 상황에서 만난 하나님을 표현하는 것이, 또는 하나님을 만난 사람이 자신의 한계 내에서 경외감과 사랑으로 표현하는 것이 더 정확한 표현이 될 수 있지 않을까? 그리고 인간과의 관계에서 분노하시고, 후회하시고, 인내하시고, 다시 마음을 고쳐먹으시는 표현들과 같이 도무지 어떤 한 문장으로 일관되게 표현할 수 없는 모습들이 인격적으로 자유로운 하나님에게 더 어울리는 표현이지 않을까?


## 잘 모르지만 상상해 본다면

또 한편으로 하나님께서는 왜 다양한 언어를 가진 민족들에게 정확한 번역본을 주시지 않고, 한계가 많은 번역의 틀을 통과하게 하셨을까? 그리고 왜 히브리어와 헬라어 원본을 보존하지 않으시고 다양한 사본만 남겨놓으셨을까? 그냥 상상해보자면, 만일 정확한 번역본이나 원본이 있었다면 인간은 그 말씀에 더 잘 순종하기 위해서보다 그것을 종교의 칼로 삼아 휘두르기 위해서 더 많이 사용했을 것임을 잘 아셨기 때문이 아닐까? 그래서 차라리 약간의 오류 가능성이 있는 번역본과 사본들을 가지고 그것의 원뜻과 그것을 주신 하나님의 뜻을 묻고 고민하게 하는 것이 더 낫겠다고 판단하신 것은 아닐까? 잘 모르겠다. 하지만 분명한 것은 정확한 번역본이나 원본이 없기 때문에 우리가 좀 더 겸손하게 하나님의 말씀에 접근하며 더 많이 생각하고 더 신중해지는 것은 분명한 것 같다.

같은 원리로 성경을 더 잘 이해하기 위한 신학이 오히려 다양한 해석을 제시하는 것은 또 어떻게 보아야 할까? 실제로 다양한 해석이 도를 넘어 이단을 만드는 등 수많은 폐해가 있는 것도 사실이다. 하지만 그럼에도 불구하고 하나님께서 신학적인 다양성을 허용하신 것은, 인간 인식의 한계를 생각할 때, 그래도 이러한 다양성이 인간의 오류를 막는 데 적합하다고 판단하신 것은 아닐까? 그리고 이러한 다양한 신학적 해석들이 서로를 비판하면서 발전해가는 것이 성경의 원뜻과 그 풍성함을 드러내는 데 기여할 것이라고 판단하신 것은 아닐까?

## 그러면 우리는 어떻게 교육할 것인가?

정확무오한 하나님의 말씀이 이러할진대 우리의 교육이 어떠해야 할지는 분명해 보인다. 우리가 가르치는 교육과정이라는 것이 인간이 지금까지 자연과 사회를 관찰하면서 정리한 지식의 핵심이라고 할 때 그것은 잠정적인 지식일 수밖에 없다.

그것은 지금까지 최대한 많은 사람들에게 지지받고 있는 내용일 뿐 언제든지 새로운 발견에 의해 바뀔 수 있는 내용임을 역사가 증명했으며 또한 지금도 증명하고 있다.

이러할진대 우리는 최대한 다수의 사람들이 동의하는 지식을 가르치되 그것이 잠정적일 수밖에 없음을 이야기하고 이와는 다른 소수의 관점도 소개해주어야 한다. 무엇보다 학생들이 다양한 관점을 접하면서 스스로 생각하고 판단할 수 있는 능력을 길러주어야 한다. 그리고 더 중요한 것은 이러한 지식들을 자신의 삶과 연결시키고, 그것으로 어떻게 이웃과 세상을 사랑할 수 있을지를 생각하고 실천하도록 훈련해야 한다.

한국사 교과서 국정화라는 지극히 비상식적이고 비교육적인 현실을 공권력으로 잠시 밀어붙일 수 있을지는 몰라도 결코 오래가지는 못할 것이다. 하지만 우리는 이런 현실 앞에서 우리가 과연 보편적인 진리와 교육의 본질에 얼마나 바르게 서 있는지 돌아보며, 이에 근거한 개인적이고 공동체적인 싸움을 해가야 할 것이다.

# 분별과
# 지혜

### 내가 뭘 안다고?

"병오야, 이번에 한국기독교교회협의회KNCC가 남북통일 관련해서 선언을 발표했다는 소식 들었지? 그게 기독교계는 물론이고 사회 전반적으로 논란이 많이 되고 있는 것 같은데, 네가 복음주의 입장에서 이것을 어떻게 봐야 하는지 글을 하나 써 주면 좋겠다. 그리고 그 글을 우리 단체가 발행하는 큐티 잡지의 권두언으로 싣고 싶다."

"제가요? 제가 뭘 안다고……."

"야! 그래도 4년 동안 선교단체 훈련을 충실히 받아 복음의 기반 위에 확고하게 서 있을 뿐 아니라 복음주의 입장에서 사회참여 문제도 많이 고민했던 네가 안 쓰면 누가 쓰겠냐?"

"예, 그럼 한 번 써 보죠."

그때가 1988년 3월쯤이었고, 나는 그해 2월에 대학을 졸업하고 중학교 초임 교사로 갓 발령을 받아 적응하고 있던 중이었다. 선교단체의 대표 간사님으로부터 전화를 받은 후 나는 그 선언문을 자세히 살펴보았다. 그것의 정식 명칭은 "민족의 통일과 평화에 대한 한국기독교회 선언"이었다. 이 선언에는 '정의와 평화를 위한 교회의 선교적 전통', '민족분단의 현실', '분단과 증오에 대한 죄책 고백', '민족통일을 위한 한국 교회의 기본원칙', '남북한 정부에 대한 한국 교회의 건의', '평화와 통일을 위한 한국 교회의 과제' 등의 주제에 관해 당시로는 매우 포괄적이면서도 획기적인 주장 및 실천사항이 담겨 있었다. 당시 이 선언은 정부 차원에서 통일논의가 독점되고 있는 상황에서 획기적으로 민간 차원에서 종합적인 통일방안을 제시하고 참여와 실천의지를 선언했다는 측면에서 통일운동에 한 획을 그은 선언으로 높이 평가받았다. 뿐만 아니라 비록 그 내용들이 당시로서는 실현가능성이 높아 보이지 않는 것들이었지만, 이후 정부의 통일정책에 그것들이 하나씩 담기고 또 차츰 실현되었던 것을 볼 때 미래의 통일운동이 나아갈 방향을 제시하는 역할을 훌륭하게 감당했다고 할 수 있다.


## 내 그릇에 담겨지지 않는 내용들 앞에서

하지만 그 선언은 당시 내게 두 가지 측면에서 마음에 걸렸다. 그것은 먼저 그 선언에 담긴 분단현실에 관한 인식이나 통일방안이 당시의 진보적인 민주화운동에서 주장하던 내용과 거의 일치한다는 것이었다. 나는 그때까지만 해도 초중고 시절 군사정권으로부터 받은 냉전 교육에 왜곡되고 잘못된 부분이 많을 것이라고 의심하고 있긴 했지만, 그렇다고 진보적인 통일운동진영에서 주장하던 현실인식이나 주장까지 선뜻 받아들이고 있었던 것은 아니었다. 더군다나 기독교회의 선언이라면 성경의 권위와 거의 맞먹는 진리여야 한다고 생각하고 있었다. 그렇기 때문에 나는 그 선언에 담긴 현실인식과 통일방안에 어떻게 반응해야 할지 혼란스러웠다.

또 한 가지 마음에 걸린 부분은 분단현실에 대한 신앙적 관점에서 아래와 같이 죄책을 고백한 부분이었다.

분단으로 인하여 우리는 "네 이웃을 네 몸같이 사랑하라"는 하나님의 계명마22:37-40을 어기는 죄를 범해 왔다. 우리는 갈라진 조국 때문에 같은 피를 나눈 동족을 미워하고 속이고 살인하였고, 그 죄악을 정치와 이념의 이름으로 오히려 정당화하는 이중의 죄를 범하여 왔다. 분단은 전쟁을 낳았으며, 우리 그리스도인들은 전쟁방지의 명목으로 최강 최신의 무기로 재무장하고 병력과 군비를 강화하는 것을 찬동하는 죄시33:11-20, 44:2-7를 범했다.

우리는 한국 교회가 민족분단의 역사적 과정 속에서 침묵하였으며, 면면히 이어져 온 자주적 민족통일 운동의 흐름을 외면하였을 뿐만 아니라 오히려 분단을 정당화하기까지 한 죄를 범했음을 고백한다. 남북한의 그리스도인들은 각각의 체제가 강요하는 이념을 절대적인 것으로 우상화하여 왔다. 이것은 하나님의 절대적 주권에 대한 반역 죄<sub>출20:3-5</sub>이며, 하나님의 뜻을 지켜야 하는 교회가 정권의 뜻에 따른 죄<sub>행4:19</sub>이다. 특히 남한의 그리스도인들은 반공 이데올로기를 종교적인 신념처럼 우상화하여 북한 공산 정권을 적대시한 나머지 북한 동포들과 우리와 이념을 달리하는 동포들을 저주하기까지 하는 죄<sub>요13:14-15, 4:20-21</sub>를 범했음을 고백한다.

그때까지 나는 기본적으로 죄에 대한 고백과 회개는 개인의 죄에만 해당한다고 생각하고 있었다. 따라서 위와 같이 민족의 죄에 대해 고백하거나 사회적이고 역사적인 대응에 관해 회개하는 것을 어떻게 받아들여야 할지 판단하기가 어려웠다. 더군다나 혹 이렇게 하는 것이 하나님의 뜻에 맞는 것인지 두려운 마음이 들기도 했다.

그리고 다음과 같이 썼다

당시 일반적인 교계의 분위기는, 비록 소수의 진보적인 교회나 교단에서는 대대적으로 환영했지만 대다수의 보수적인 교회나 교단에서는, 그 선언문에 나오는 '미군철수'를 부각시켜 이

것이 북한의 계략에 이용당할 수 있는 것이라며 비판적인 입장을 취했다. 사실 '미군철수'를 주장하는 부분이 그 선언에 있긴 했지만, 이는 어디까지나 "평화협정이 체결되고, 남북한 상호간에 신뢰회복이 확인되며, 한반도 전역에 걸친 평화와 안정이 국제적으로 보장되었을 때"라는 전제가 있었기 때문에 큰 문제가 될 상황은 아니었다. 하지만 지금도 그렇지만 당시 교회나 그리스도인들도 오랫동안 반공주의 테두리 내에서 세상을 보는 데 익숙해 있었기 때문에 신앙의 관점에서 전체를 바라보는 훈련이 되어 있지 않았다.

그때 나는 마음이 참 복잡했다. 분명히 그 선언은 당시의 냉전 분위기를 뛰어넘는 용기 있는 내용으로 가득 찬 것이었다. 나는 그 선언을 보며 그리스도인이 성경의 관점을 바탕으로 시대의 모순을 해결할 답과 비전을 이렇게 제시할 수 있구나 하고 생각하기도 했다. 하지만 또 한편으로 그 선언은 당시 내 신앙의 인식과 소화능력이 감당하기에는 너무 큰 이야기요 획기적인 주장이었기 때문에 내 것으로 소화하기가 불편하고 힘들었다.

이렇게 여러 가지 복잡한 생각과 두려움 때문에 나는 그 선언문의 세세한 내용에 대해서는 언급하지 않았다. 다만 교회가 복음의 가르침대로 제대로 살아내서 산 위에 있는 동네처럼 세상에 드러난다면 세상이 자신의 모순을 깨닫고 교회에게 배우기 위해 교회로 나아올 텐데, 정작 교회가 복음에 따른 철저한 제자도의 삶을 살지 못하면서 이러한 선언을 하는 것이 세상에 무슨 큰 의미가 있고 영향이 있겠는가 하는 요지의 글을 썼다.

아마도 나의 이런 태도에는 당시 내가 로이드 존스 목사에게 많은 영향을 받고 있었던 것도 한몫했을 것이다.


## 그때 왜 그 글을 썼던가?

하지만 시간이 지날수록 그때 내가 썼던 글이 부끄러워지기 시작했다. 사실 분단인식이나 통일방안 등과 관련해서는 그 내용이 정부나 보수진영이 주장하는 것인가, 아니면 진보진영이 주장하는 것인가 하는 것은 중요한 것이 아니다. 그보다는 역사적 실체를 좀 더 명확하고도 다양한 각도에서 살피면서 이해하는 것이 중요하다. 또한 통일방안과 같은 정치적인 문제는 국내외의 정치외교적인 안목이 필요한 문제이다. 더군다나 그리스도인과 교회가 초월적인 관점에서 세상과 역사를 살피면서 비판적으로 고찰하는 것은 반드시 수행해야 하는 과제이기도 하다. 물론 개별 교회는 복음을 선포하고 성도를 건실히 세우며 가난한 자를 돌보는 일에 우선적인 노력을 기울여야 한다. 하지만 개인 성도나 혹은 기독교 NGO, 특수한 목적을 가진 교회연합단체들은 복음의 빛으로 세상을 밝히는 일을 게을리해서는 안 된다. 그런데도 나는 내가 잘 알지 못하고 내 안목으로 다 담아내지 못했던 부분에 대해 솔직하게 말하지 못하고 오히려 이를 비판함으로써, 당시 교회가 민족적인 죄책을 고백하고 더불어 초월적인 진리로 이데올로기의 대립을 넘어서고 이 민족을 사랑과 화해, 평화로 끌어가고자 한 노력을 폄훼했다는 자책감이 들었다.

이런 일이 있은 후 얼마 지나지 않아 세계사적인 변화가 밀려오기 시작했다. 그것은 이듬해인 1989년부터 동구권에 밀어닥친 민주화의 바람이었다. 이로 인해 동독과 서독이 극적으로 통일을 이뤘으며, 소련 연방이 해체되고 소련 공산당이 몰락했으며, 동구 공산권들도 공산주의를 버리고 자본주의 체제로 전환하기 시작했다. 그리고 이러한 동구 공산권의 변화에는 여러 정치경제적인 요인들도 있었겠지만 그 못지않게 서구교회와 동구교회가 교류하면서 공산권 내에 있던 동구교회들이 민주화에서 중심적인 역할을 했다는 사실들이 드러나기 시작했다. 이러한 사건은 교회가 그 사회의 주류 이데올로기가 무엇이든 그것의 하수인이 되기보다 오히려 그것을 뛰어넘고 상대화하는 노력을 지속적으로 해 나가야 한다는 것을 보여주었다.

## 나의 무식과 한계를 극복하기 위해

나는 이렇게 급변하는 세상을 보면서 하나님께서는 부지런히 세상을 바꾸어 가시는데, 하물며 그분의 자녀된 우리는 어떻게 해야 할까, 우리 또한 이 세상에서 일하시는 하나님의 역사를 제대로 공부하고 그 흐름을 따라가야 하지 않을까 하고 생각하기 시작했다. 세상의 변화를 읽지 못하고 그냥 이전부터 알던 지식이나 안목으로 세상을 판단하는 것은 죄를 짓는 것이라고 인식하게 되었다. 더군다나 하나님께서는 세상의 역사 한 가운데서 일하고 계시는데, 나는 세상으로부터 도피해 종교의 테두리 안에 갇혀 있어서는 안 되겠다고 생각했다. 물론 거꾸로 세상의 이념이나 사상, 이데올로기 안에 신앙을 가두어서도 안 된다. 오히려 그것들을 초월하는 신앙의 관점에서 세상의 사상과 이념을 비판적으로 판단하고 실천할 수 있어야 함을 자각했다.

그러한 자각에서 선택한 것이 1994년에 '북한대학원'에 진학하는 것이었다. 내가 이전에 알고 있던 북한이 아니라 지금 변화하는 북한의 상황을 좀 더 구체적으로 알고 싶었기 때문이다. 이렇게 2년 정도 공부하고 나니 나름대로 북한이나 한국의 현대사를 바라보는 관점을 형성할 수 있게 되었다. 물론 짧은 공부로 모든 것을 다 알았다고 할 수는 없지만, 남이든 북이든 변화의 큰 흐름은 어느 정도 파악할 수 있었다. 그리고 '좋은교사운동'에 참여하면서 기독교의 진리가 세상의 여러 구체적인 문제들과 어떻게 만나야 하는지 또 어떻게 해야 세상 사람들이 감동하고 따라올 수 있는 변화를 선도할 수 있을지를 경험할 수 있었다.


새롭게 열리는 변화를 담을 그릇을 준비했는가?

지난 2018년 4월 27일 문재인 대통령과 김정은 위원장의 만

남은 남북관계의 질을 완전히 바꾸어 놓았다. 물론 남북문제를 해결하는 일은 먼저 남북간 수십 년 동안 켜켜이 쌓인 적대적 사건과 감정을 넘어야 하는 것일 뿐만 아니라, 남북을 둘러싼 미국, 중국, 일본, 러시아 등 세계 열강의 복잡한 이해관계도 풀어야 하는 것이기에 우리의 기대만큼 시원하게 일이 진행되고 있지는 않다. 하지만 우여곡절 끝에 미국의 트럼프 대통령과 김정은 위원장도 만났고, 한미군사훈련도 잠정적으로 중단되었으며, 한국전쟁 때 북한 땅에서 전사했던 미군들의 유해들도 미국에 건네지게 되었다. 물론 앞으로 예상치 못한 어려움들이 많이 있겠지만, 이제 남북화해와 평화는 어떤 한 개인이나 국가가 거스를 수 없는 역사의 큰 흐름이 된 것으로 보인다.

이럴 때일수록 그리스도인은 공부해야 한다. 그럼으로써 있는 그대로 북한의 변화를 바라보고 세계 정치의 흐름 또한 살필 수 있는 안목도 갖추어야 한다. 무엇보다 세상의 역사 한가운데서 하나님께서 일하시는 것과 그 뜻이 무엇인지를 분별하려고 노력해야 한다. 기존에 내가 알던 역사적 또는 신학적 틀로 지금 여기서 하나님께서 일하시는 것을 볼 수 없다면, 그 틀을 폐기하고 다시 말씀을 보고 기도하며 관련된 신학과 사회과학의 도움을 받으면서 새로운 틀을 만들 수 있어야 한다. 그래야 소극적으로는 죄를 덜 지을 수 있고, 적극적으로는 하나님께서 일하시는 데 쓰임을 받을 수 있을 것이다.

제3장

# 기독교사로
# 살기

# 도덕은
# 무엇으로부터 오는가?

## 나는 도덕교사다

나는 도덕교사다. 고등학생 시절까지 한 번도 도덕교사가 되겠다고 생각한 적이 없지만, 우연찮게 도덕윤리교육을 전공하게 되었고 여러 우여곡절을 거쳐 결국 도덕교사가 되었다. 그러나 교사가 된 이후에는 도덕교사라는 자부심을 놓은 적이 없다. 또한 하나님께서 나를 다른 과목이 아닌 '도덕' 과목으로 부르신 것에 대해서도 감사한 마음을 놓은 적이 없다.

하지만 갈수록 황폐해가는 학생들의 도덕성을 바라볼 땐 마음이 아프다. 더군다나 학생들의 도덕성이 갈수록 나빠지는 것은 우리나라 도덕교육에 문제가 많기 때문이라는 말을 들을 때면 쥐구멍에라도 숨고 싶은 심정이 된다. 물론 나는 알고 있다. 도덕교육은 모든 교사가 책임져야 할 영역이지 도덕교사가 다 책임져야 할 영역은 아니라는 것을 말이다. 또한 아이들의 도덕성이 점점 더 나빠지고 있는 것도 도덕교사가 잘못 가르치기 때문이라기보다 점점 더 심화되고 있는 경쟁체제에 예속된 학교교육과 사회전반에 확산되고 있는 물질주의, 그리고 가정과 지역 공동체의 붕괴 때문이라는 것을 잘 알고 있다. '도덕교육'과 '도덕과 교육'은 구분되어야 하며, 생활지도로서의 도덕교육과 교과로서의 도덕교육 또한 구분되어야 한다는 것도 잘 알고 있다.

하지만 이 모든 사실에도 불구하고 도덕교사의 책임이 줄어드는 것은 아니다. 오히려 도덕교사가 이런 책임들로부터 벗어나기 위해 거대담론들을 끌어들이면 들일수록 도덕교사의 존재 이유와 역할 자체를 부정하는 결과를 낳을 뿐이다. 아무리 시대가 학생들의 도덕성을 떨어뜨리는 환경이라 할지라도 학교에서 이루어지는 도덕 수업을 통해 이러한 흐름들을 늦추고 순화하는 작은 변화, 작은 열매라도 만들어갈 수 있어야 한다. 그래야 도덕교사가 이 시대 가운데서 당당하게 도덕교육의 필요성을 주장할 수 있을 것이다.

## 나는 기독 도덕교사다

나는 기독 도덕교사다. 나는 인간은 타락으로 인해 죄된 본성을 가지고 태어나며 아무리 선을 행한다 해도 그 선으로 구원에 이를 수 없음을 믿고 있다. 인간이 스스로 선해지려는 노력은 결국 자아만 강화시킬 뿐이며, 결국 이것이 자기의가 되어 오히려 구원에서 멀어지게 될 수 있음을 잘 알고 있다. 따라서 사람이 선해지기 위해서는 스스로의 힘으로 선해지려고 할 것이 아니라, 오히려 스스로의 힘으로는 선해질 수 없음을 고백하고 자신을 십자가에 못 박고 거듭나는 길밖에 없다. 나는 이것을 체험을 통해, 말씀을 통해 수없이 경험했다. 우리가 죄된 본성을 거슬러 참된 선을 행하기 위해서는 날마다 성령님의 능력을 의지해야 한다는 것을 절실히 느끼며 살아가고 있다.

그래서 도덕수업을 준비하고 진행할 때마다 갈등을 느낀다. 도덕수업은 기본적으로 인간 자신의 노력으로 선을 만들어가야 한다는 당위와, 이러한 선행으로 자신과 인류를 구원할 수 있음을 가르치고 있기 때문이다. 그래서 수업을 할 때마다 '나는 과연 진리를 가르치고 있는가?' 혹은 '나의 수업이 아이들을 십자가와 구원으로 인도하지 않고 자아와 자기의만 강화시키는 것은 아닌가?' 하는 갈등에 휩싸이기도 한다.

물론 현재 우리나라의 도덕과 교육과정이 도덕의 절대가치와 이에 대한 확신을 제대로 담고 있는 것은 아니다. 어정쩡하게 가치중립성을 지향한다면서 그 결과 실제로는 어떤 가치도 제대로 가르치지 못하고 도덕적인 행동에 필요한 에너지도 제대로 부여하지 못하는 것이 현재 우리나라 도덕교육의 현실이다. 그래서 나는 수업하면서 인간의 도덕이 지닌 한계와 그 도덕 너머의 세계에 관해 어렴풋이나마 학생들에게 보여주려고 노력한다. 그럼에도 불구하고 기독 도덕교사로서 공교육 안에서 일반 학생들을 대상으로 어떤 가치나 종교 또는 믿음에 편향되지 않게 가르쳐야 한다는 한계와 어정쩡함 때문에 괴로울 때가 많다.

## 공통의 도덕률을 찾아서

나는 믿음의 후예이다. 많은 믿음의 선배들이 만유의 주되신 하나님께서 이 세상을 다스리시는 규범에 관해 많은 고민들을 해왔다. 그 가운데서 그들이 내린 공통된 결론은 하나님께서 모든 사람들의 마음속에 '도덕률<sub>공통도덕 등 다양하게 표현됨</sub>'을 심어주셨다는 것이었다. 물론 이 도덕률은 시대와 문화에 따라 다양한 관습의 옷을 입을 수 있으며, 심지어 타락의 영향으로 말미암아 왜곡되게 나타나는 경우도 많다. 하지만 그럼에도 불구하고 각 사회마다 모든 사람이 동의할 수 있는 공통의 도덕률이 존재했으며, 또한 그러한 공통의 도덕률은 시대와 문화를 초월해서 유사하게 나타났다.

공통의 도덕률은 하나님께서 이 세상을 심판하시는 기준이기도 했다. 구약의 역사를 보면 하나님께서는 이스라엘이든 이방인이든 관계없이 공통의 도덕률에 근거해서 심판하실 것임을 여러 번 강조하셨다. 그리고 일반적인 역사를 보더라도 그 사회가 공통의 도덕률에 얼마나 충실했는지 혹은 벗어났는지에 따라 그 사회의 흥망성쇠가 좌우되었음을 알 수 있다.

이렇게 볼 때 하나님께서 모든 사람에게 심어주신 공통의 도덕률에 기반한 도덕교육은 역사와 만유 가운데 하나님의 통치를 실현하는 매우 소중한 수단임을 알 수 있다. 비록 이 시대가 이 세상에 절대적인 가치는 없으며 내 소견에 옳은 대로 행하면 된다는 가치상대주의를 가르치고, 네가 하고 싶은 것의 옳고 그름을 따지지 말고 욕망을 따라 살라고 부추기는 시대이긴 하지만, 그럴수록 너와 내 속에 공통으로 심겨진 도덕률을 찾아내고 그것에 순종하도록 가르치는 교육은 이 도덕률을 창조하시고 이것으로 세상을 다스리시는 하나님을 믿는 사람들에게 절실하게 요구되는 사명이라고 하겠다.


## 나는 공교육에서 도덕을 가르치는 교사다

나는 공교육 안에서 그리스도인을 포함한 일반 학생들에게 도덕을 가르치라고 부름받은 기독교사다. 그러므로 나는 하나님을 아는 학생이든 그렇지 않은 학생이든 관계없이 그들 속에 심겨진 하나님의 공통 도덕률을 발견하도록 어떻게 이끌 것이며, 그것에 순종하도록 어떻게 동기부여 할 것인지를 고민하며 기도하고 또한 실제로 시도하려고 힘쓴다.

그래서 교육과정상 어떤 주제가 나오면 교과서의 내용을 먼저 가르치려고 하기보다 그 주제와 관련해서 학생들의 피부에 제일 와 닿는 가치갈등에 관한 질문들을 던지려고 한다. 그러면 학생들은 모둠 토론을 통해 다양한 답들을 쏟아낸다. 그들의 답은 대체로 내가 생각하던 공통의 도덕률을 포함하기도 하지만 동시에 미디어의 영향이나 이 시대의 왜곡된 가치관의 영향이 뒤섞여 있기도 한다. 그러면 나는 그들의 발표 내용이 갖는 허점이나 모순들을 지적하면서 그들 스스로 그들의 대답을 다시 돌아보도록 유도한다. 이러한 과정을 한참 거치다 보면 그 문제되는 상황과 관련해서 대다수의 학생들이 동의하는 가치가 도출된다. 그들은 이 과정을 통해 자신들이 함께 발견해낸 공통의 도덕률에 대해 놀란다. 그리고 이 가치를 조금 더 마음에 담는 것을 발견한다.

물론 학생들이 수업 시간에 공통의 도덕률을 발견하는 기쁨을 누렸다 하더라도 이것이 그들의 인격이 되고 삶속에서 실천하는 데는 넘어야 할 벽이 많을 것이다. 그럼에도 불구하고 함께 공통의 도덕률을 찾고 이를 함께 확인하는 기쁨을 누리는 과정은 그들의 삶속에서 여러 장애를 넘어 이를 실천하게 하는 힘으로 작용한다는 것을 수업평가를 통해 확인하곤 한다.


일반은총을 넘어

물론 나는 기독 도덕교사로서 내 수업 가운데 이러한 일반은총의 차원을 넘어 특별은총의 차원도 임하길 늘 기도한다. 그렇지만 특별은총도 결국 일반은총의 과정을 충실히 수행할 때 일어날 수 있음을 역사 속에서 발견한다. 삶속에서 공통의 도덕률을 찾거나 실천하기 위한 몸부림은 결국 이 공통의 도덕률을 모든 사람 속에 심어주신 하나님과 그분의 영광의 빛에 잇닿을 수밖에 없는 것이고, 그 빛에 비침을 받을 때 사람은 자신의 추함을 발견하고 하나님께 돌아올 수 있기 때문이다. 아우구스티누스나 루터의 회심처럼 말이다.

# 사실의 힘,
# 전도와 선교의 새 지평

## 좋은교사운동의 역사에 대해 강의하는 기쁨

좋은교사운동 활동을 하다 보니 여기저기서 강의 요청을 받을 때가 있다. 나도 여러 모임이나 행사를 준비해본 사람으로서 가급적 이러한 요청에 응하려고 노력한다. 하지만 다 응할 수 있는 것은 아니다. 시간이 안 맞는 경우는 당연히 못한다고 거절하고, 또 내가 감당할 수 없는 주제에 대한 이야기를 부탁받을 때도 정중히 거절한다. 반면 가능한 최대로 응하려는 주제나 대상도 있다. 그것은 기독교사들을 대상으로 좋은교사운동의 역사에 대한 강의를 부탁받았을 때이다. 이때는 선약을 조정해서라도 응하려고 한다. 같은 내용을 여러 번 반복하더라도 강사 스스로 느낄 수 있는 지겨움 같은 것도 없다. 강의를 준비하고 그 내용으로 청중들과 호흡하는 가운데 이전에 몰랐던 역사의 의미가 새롭게 드러나는 것을 경험하기 때문이다.

지금까지 수도 없이 했던 좋은교사운동의 역사에 대한 강의는 거의 좋은교사운동 소속 회원단체나 지역모임 혹은 예비교사모임에서 이루어졌다. 가끔 좋은교사운동 소속이 아닌 곳에서 강의할 때도 있었다. 주로 기독교 NGO나 기독교 전문모임 혹은 기독교 대학의 교수 모임에서 한 강의였다. 그들은 교사가 아니었기 때문에 이 부분에 대해 약간의 주의가 필요하긴 했지만 좋은교사운동 가운데 일하셨던 하나님의 역사를 증거하는 부분에서는 아무런 차이가 없었다. 그래서 별 어려움 없이 마음껏 강의할 수 있었다.


## 일반교사모임과 타문화권에도 통할 수 있을까?

그런데 이번 여름 방학 동안에 좋은교사운동의 역사에 대한 강의를 해 달라고 부탁한 곳은 조금 특별한 곳이었다. 그중 한 곳은 혁신학교와 학교의 혁신운동을 주도해 온 '새로운학교 네트워크새학교넷'에서 주최하는 전국단위의 여름연수였고, 다른 한 곳은 케냐에서 개최된 제1회 'East Africa Christian Teachers Conference EACTC'였다.

새학교넷의 경우 참석자들 중에는 그리스도인들도 있겠지만, 전체 모임의 성격은 기독교와 무관한 일반 교육단체였다. 그런데 좋은교사운동의 역사를 소개하려면 우리 가운데 역사하셨던 하나님에 관해 이야기하지 않을 수가 없었다. 물론 대상이 그리스도인이 아니기 때문에 최대한 그리스도인들끼리만 통할 수 있는 용어는 피하고 일반 교육학적 용어나 교육운동의 흐름에 맞는 용어를 사용해 좋은교사운동의 역사나 교육운동의 흐름을 소개하려고 내용을 재구성했다. 하지만 아무리 노력해도 하나님을 빼 버리면 설명되지 않는 부분이 너무 많았다. 하나님을 빼버리고 설명하면 좋은교사운동의 생명력이 사라지기 때문이었다. 그리고 이렇게 생명력의 핵심을 뺀 강의가 그들에게 어떤 의미와 도움이 될 수 있을지 자신이 없었다.

EACTC의 경우는 문화적인 차이를 어떻게 극복할 수 있느냐의 문제였다. 그 모임은 기독교사들의 모임이었기에 좋은교사운동 가운데 역사하셨던 하나님에 대해 구체적으로 이야기하는 것은 아무런 문제가 없었다. 하지만 케냐를 비롯해 동아프리카 나라들이 처한 상황은 한국이 처한 상황과 매우 달랐다. 교육적인 상황이나 고민 역시도 한국과는 너무나도 달랐다. 무엇보다 내가 그들 나라의 상황이나 고민을 피상적으로만 알뿐 깊이 알지 못하고 있었다. 이런 상황에서 한국의 교육과 한국의 기독교사 가운데 역사하셨던 하나님을 이야기하는 것이 자칫 그들에게는 남의 나라 이야기로 흘러 들리는 것은 아닐지 염려가 되었다. 심지어 어쩌면 우리의 이야기가 그들에게는 자랑질이 되고 절망을 안겨주지는 않을지 염려가 되었다.

그분의 행하심은 만방에 드러난
객관적인 사실이 아닌가?

이 두 강의를 준비하면서 내가 계속 던진 질문은 "지난 20여
년 동안 좋은교사운동을 통해 내가 목도하고 경험했던 일들이
나 개인의 주관적인 해석이었나? 아니면 만방에 드러난 객관적
인 사실이었나?" 하는 것이었다. 물론 보이지 않는 하나님의 역
사를 모든 사람에게 객관적인 사실로 증명하기는 쉽지 않다. 하
지만 좋은교사운동 가운데 일어났던 대부분의 역사들은 함께했
던 선생님들이 공동체적으로 기도하는 가운데 인간적으로는 도
무지 불가능해 보였던 상황 속에서 길이 열리고 역사가 일어났
던 일들이었다. 그리고 이러한 일들은 우리와 같은 신앙을 공유
한 사람이 아니더라도 일상적인 삶의 방식이나 운동의 논리를
뛰어넘어 무언가 보이지 않는 힘이 작용했으리라고 인정할 수
밖에 없는 일들이었다.

이렇게 지난 20년간 좋은교사운동 가운데서 일어났던 일들
이 단지 나만 혹은 함께했던 공동체에게만 속했던 비밀이 아니
라 세상 가운데 분명하게 드러났던 일들이었다는 것이 분명해
지자 강의에 대해 확신이 들기 시작했다. 물론 기독교 공동체가
아닌 일반 교육운동 단체에서는 종교적인 용어를 최대한 절제
하고 일반 교육계가 공유하는 언어로 표현해야겠지만, 결정적
인 부분에서는 좋은교사운동이 하나님의 인도와 지혜를 구함으
로써 그분께서 역사하셨던 사실을 분명하게 드러내야겠다고 생

각했다. 그리고 교육실천운동이든 정책운동이든 전문성운동이든 각 운동에 있어서 우리가 견지했던 기독교적 원리와 철학 역시 있는 그대로 드러내는 것이 오히려 거부감을 주지 않고 그들에게도 의미있는 메시지가 될 것이라고 생각했다.

한편 우리와 역사적인 상황이 다르고 교육적인 고민이 다른 아프리카 기독교사들을 향해서도 과도하게 그들을 의식할 필요는 없다고 생각했다. 한국에서 역사하시는 하나님께서 아프리카에도 함께하신다면 나로서는 내가 경험한 하나님의 역사를 가감 없이 그대로 전하는 것이 내가 할 수 있는 최선이라고 확신했다. 그럴 경우 하나님께서는 내가 증언한 사실들을 들어 사용하셔서 아프리카의 기독교사들에게도 동일하게 말씀하실 것이라는 믿음이 분명해졌다. 내가 잘 알지도 못하면서 어설프게 아프리카의 상황에 대해 답을 제시하는 것보다 내가 잘 알고 있는 사실을 이야기하고 그 이후의 역사는 하나님께 맡기는 것이 맞겠다고 생각했다.


실제로 드러난 살아 움직이는 역사


새학교넷에서의 강의나 EACTC에서의 강의는 내게 소중한 경험이었다. 새학교넷에서는 좋은교사운동이 공교육 안에서 기독교적으로 수업하는 부분이나 또 '기독'이 '좋은'을 독점하는 부분에 대해 문제제기를 하기는 했지만, 나머지 교육운동과 관련해서는 충분한 공감대 속에서 진행되었다. 좋은교사운동이 벌이는 각 운동 영역 속에 깔려있는 기독성에 대해서도 거부감 보다는 에너지와 생명력의 측면으로 받아들여지고 새로운 안목으로 연결되는 느낌을 받았다.

EACTC에서의 강의도 단지 한국 기독교사들의 이야기라기 보다 자신들을 위한 메시지로 받아들이는 분위기였다. 특별히 좋은교사운동이 운동의 고비마다 공동체적으로 기도함으로써 하나님의 인도와 지혜를 구했던 모습은 그들에게도 큰 도전이 되었던 것 같다. 그리고 자신들에게 있는 문제를 놓고 좋은교사 운동의 경험을 적용하는 모습을 보이기도 했다.


## 이것이 전도와 선교가 아니면 무엇인가?

새학교넷에서의 강의를 준비하고 또 실제로 강의하면서 느낀 것은 이것이야말로 '전도'라는 것이었다. 비록 개인적인 간증은 아니지만 하나님께서 기독교사들을 불러서 이 땅의 교육계 가운데서 행하셨던 역사를 증거하는 일이 전도가 아니면 무엇이겠는가? 복음의 권위가 땅에 떨어지고 어찌하든지 복음을 듣지 않으려는 이 시대에서 하나님께서 교육계 가운데서 행하신 일을 증거하는 이러한 방식은 새로운 형태의 전도일 수 있지 않겠는가?

EACTC에서의 강의를 준비하고 또 강의하면서도 이 일은 또 다른 의미의 '선교'일 수 있겠다고 생각했다. 비록 복음을 전혀 모르는 지역에 복음을 들고 들어간 것은 아니지만 이 세상을 통치하시는 하나님의 더 큰 역사에 대해 타문화권의 상황에서 증거하는 이러한 일이 선교가 아니면 무엇이겠는가? 특별히 하나님께서 사적인 영역에서 뿐 아니라 공적인 영역에서 어떻게 역사하시는지, 또한 그리스도인들이 공적인 영역에서 어떻게 하나님의 영광을 드러낼 수 있을지에 대해 한국에서 이미 드러난 증거를 가지고 타문화권에 증거하는 이 같은 새로운 선교의 방식을 어찌 하나님께서 기뻐하지 않으실 수 있겠는가?

# 비본질의 홍수 속에서
# 본질 살리기

## 7년 만의 복직, 뭐가 달라졌나요?

7년 만에 학교에 복직해 보니 가장 달라진 변화는 학기 초 업무가 엄청나게 늘었다는 것이다. 3월 첫 2주 동안 학생들에게 배부한 가정통신문만 50종이 넘는 것 같고, 그중 학부모의 회신을 받는 것도 30종은 족히 되는 것 같다. 그러니 이전에 학기 초가 되면 매일 아침 자습시간에 두세 명씩 돌아가면서 자기소개를 하며 서로 알아가던 시간을 도무지 가질 수가 없었다. 하루에 평균 두 개 정도 되는 가정통신문의 회신문을 수합하고, 이를 가져오지 않은 학생들에게 재확인을 하다 보면 시간이 다 가버린다. 물론 이 회신문들 중에서 꼭 필요한 것들도 있다. 하지만 대부분의 회신문은 만약의 사안이 터졌을 때를 대비해서 학교가 책임지지 않기 위해 학부모의 회신을 미리 받아놓는 면피용 회신서들이었다. 관료적 행정체계 안에서 면피용 서류가 필요할 수는 있다. 하지만 이를 학기 초 담임의 소중한 에너지를 빼앗을 뿐 아니라 담임과 학생들의 관계를 교육적으로 비본질적인 요소를 개입시켜 악화시켜가면서까지 해야 하는지……, 정답은 분명한데 현실은 점점 악화되는 것 같았다.

이외에도 교육의 본질과 무관한, 오히려 그 본질을 해치는 생색내기용 업무들이 계속해서 떨어진다. 교육과정을 세울 때 각 단원별 인성교육 덕목과 어떻게 연계시킬 것인지 계획서를 내라든가, 수행평가를 계획할 때 진로와 관련된 내용을 일정 비율 포함시켜 제출하라든가 하는 것들은 교사의 교육과정 편성권을 침해하면서 또 하나의 잡무를 만들어낼 뿐이다. 여기에 '자유학기제 수업개선' 연수에 차출되어 갔더니, 연수는 요약 속성으로 진행하고 교육감 참석 출범식을 하느라 많은 시간을 보내고 있다. 거기다가 나라 사랑을 실천한다며 애국가를 4절까지 부르는 퇴행까지 한다. 출장을 위해 수업을 앞당기고 학생들 종례까지 다른 선생님께 부탁하고 왔는데, 교육의 본질을 벗어난 교육행정에 화가 날 뿐이다.


## 잡무의 홍수 속에서 교육의 본질 지키기


그래서 학기 초 반복해서 나를 다잡은 것은 '잡무의 홍수 속에서 교육의 본질 지키기'였다. 일단 회신문 수합 등으로 학생들과 감정이 상하거나 담당자를 힘들게 하는 일이 없도록 학부모들에게 문자를 보내 최대한 원활하게 수합하고, 각종 제출 서류들 중에 교육적으로 의미 있는 것은 성실하게 작성하지만 그렇지 않은 것들은 재빨리 작성하는 등 요령 있게 대응해갔다. 무엇보다 그런 가운데서도 학기 초 내가 구상했던 것들을 빠지지 않고 실시하기로 했다. 그래서 학생들과 학급의 '공유된 약속 만들기'를 실시했고, 조종례 시간에 '노래 부르기'를 꾸준히 실시했으며, 가정방문도 토요일을 활용해 3월내로 마무리했다.

그리고 학교에서 시행하라고 내려오는 일들 가운데 그야말로 잡무에 불과한 것들과 그렇지 않고 잘 활용하면 교육적으로 큰 의미가 있을 수 있는 일들을 잘 분별하기로 했다. 그래서 동아리계발 활동에는 좋은교사운동이 시도하고 있던 YGAYouth Global Action를 신설했고, 이후 이를 기독동아리와 연계할 수 있는 끈을 만들기 위해 상설동아리로도 신청했다. 또 2학기부터 실시되는 자유학기제의 내용을 채우기 위해 인근의 교육단체들과 연결하는 일도 진행했다.


독서동아리, 오! 괜찮은데!

그러던 중에 하나의 메신저가 내 눈을 번쩍 뜨게 했다. "선생님, 학급 별로 독서동아리를 만들어 운영해 주세요. 동아리 활동은 생활기록부에 기록되고, 소액의 재정지원도 있습니다." 하루에도 10여 개 이상 날아오는 메신저 가운데 하나였지만, 당시 나의 고민과 맞물려 있는 내용이었기 때문에 눈에 확 들어왔다. 복직하면서 올해 꼭 해보고 싶었던 활동 중의 하나가 학생들로 하여금 좋은 책을 읽게 하고 그것과 관련해 의미 있는 내용을 나눔으로써 성장해갈 수 있도록 하는 것이었다. 이는 지난 교직 생활에서 늘 마음에 두었던 것이지만 달리 뾰족한 방법을 찾지 못하고 있다가 최근 들어 더욱 필요성을 느끼고 있던 것이었다. 때문에 학교에서 제시해주는 이 틀을 잘 활용하면 새로운 돌파구를 마련할 수 있겠다는 생각이 들었다.

그래서 가정방문을 통해 부모와 자녀가 모두 독서에 의욕이 있고 리더십도 있다고 파악된 남녀 학생 한 명씩을 선택했다. 그리고 그 학생들에게 일주일에 한 권씩 책을 읽고 선생님과 함께 느낀 점을 나누는 독서동아리를 운영해보자고 제안하며 함께 할 친구들을 모아보라고 말했다. 그랬더니 남자 일곱 명, 여자 다섯 명의 학생들이 자원해서 두 그룹의 동아리가 만들어졌다. 우선 그들과 어떤 책을 읽을지 이야기하고, 그들이 모두 가능한 시간대를 잡아 모임시간도 확보했다. 내가 일주일에 두 시간을 내야 한다는 부담이 있긴 했지만, 이 독서동아리를 통해 그들과 어떤 나눔과 성장이 있을지 벌써부터 기대된다.


## 죽은 관행에 생명 불어넣기

15년 전 고故 이오덕 선생님과 인터뷰 할 기회가 있었다. 그 때 선생님은 그가 '글쓰기 연구회'를 창립하게 된 과정을 이야기해주었다. 원래 '글쓰기 연구회'는 경북교육청 산하에 있는 여러 관변 연구회 중의 하나였다고 한다. 그런데 이오덕 선생님이 회장을 맡으면서 이 연구회에 자신이 알고 있던 뜻있는 교사들을 멤버로 초청해 모임의 내실을 기했고, 그 후 이러한 흐름을 발전시켜 교육청에서 독립된 전국적인 자발적 교사 연구회로 발전시켰다고 했다. 학교에서 교사들이 고스톱 치는 것은 허용하면서도 교육에 관해 이야기하는 것은 불온시하던 그 어두웠던 시절에 교육청 관변 연구회를 활용해 자발적인 교육 연구회를 키워간 탁월한 전략이라고 생각했다.

따지고 보면 좋은교사운동에서 펼치고 있는 많은 교육실천운동 가운데도 좋은교사운동이 독창적으로 만들어낸 것은 아무것도 없다. 해 아래 새 것이 없듯이 좋은교사운동의 교육실천운동들도 이미 우리 교육계에 있었던 것들이다. 다만 가정방문과 같이 한 때 우리 교육의 소중한 자산이었지만 내부적인 부패 문제로 없어졌던 것을 열정과 소통의 정신으로 새롭게 의미를 부여하거나, 일대일 결연과 같이 형식화된 것에 진정성을 담아내거나, 학부모에게 편지 보내기와 같이 개인 차원에서 이루어지던 것을 조직화하고 운동화했을 뿐이다. 물론 수업성찰운동이나 회복적 생활교육 같은 것은 우리 교육계에 없었던 매우 창조적인 운동이기는 하다. 하지만 이러한 것들도 우리가 순수하게 창조했다기보다는 교육계 외부에 있던 좋은 자원들을 교사와 학교의 시각에서 재창조했다고 보는 것이 더 정확할 것이다.

## 관료 행정업무의 재구성

학교에서 하고 있는 많은 일들, 그리고 교육청에서 내려오는 수많은 공문들, 관리자들의 입에서 나오는 많은 지시들, 그 가운데는 사실 교육의 본질에서 벗어나 실적이나 전시만을 위한 것이나 탁상행정에 기반을 둔 것들이 많다. 하지만 모든 것을 다 실적이나 전시, 탁상행정에서 나온 것이라고 치부할 필요는 없다. 그중에는 교육의 본질과 연결된 부분들도 많다. 그리고 혹 그것이 실적이나 전시, 탁상행정에서 나온 것이라 할지라도 교사 차원에서 잘 거르기만 하면 학생들에게 유익하고 교육의 본질을 살릴 수 있는 것들도 많다. 반면 학교의 지시와 전혀 관련되지 않는 것을 처음부터 시작하려면 힘들 뿐만 아니라 반박에 직면하기도 쉽다. 하지만 학교에서 지시한 내용을 근거로 하되, 거기서 허식과 전시를 버리고 교육의 본질에 잘 접붙인다면 오히려 지지와 지원을 받으면서 효과적으로 일할 수도 있다.

교과서라는 박제된 형태로 내려오는 교육과정도 교사의 전문성으로 재구성해야 하듯이, 그럴듯한 교육적 명분과 관료적 업적주의가 뒤죽박죽 섞여 교육을 혼미하게 하는 수많은 공문과 행사, 지시들 또한 교사의 교육적 양심과 교육적 본질에 기반한 열정으로 재구성해야 한다. 그래서 어떤 것은 버리고, 어떤 것은 대충하고, 어떤 것은 잘 따르고, 또 어떤 것은 자신의 교육 철학과 잘 버무려 새로운 것을 만들어낼 수 있어야 한다. 이러한 과정이 비록 힘든 일이긴 하지만, 숨 쉴 틈 없이 바쁘게 돌아가는, 그래서 무언가 열심히 하지만 오히려 교육적 본질은 점점 희석되고 있는 관료화된 공교육의 현장으로 부름 받은 기독 교사가 해야 할 중요한 사명 중의 하나가 아닐까 생각해 본다.

# 잊지 않겠다는 약속을
# 어떻게 지킬 것인가?

## 세월호가 가라앉으며 물 위에 떠오른 것들

세월호 참사가 발생한 지 1년의 시간이 지났다. 그 동안 거의 온 나라를 마비시킬 듯한 깊은 충격과 슬픔, 자성의 침울한 시간들이 있었다. 그리고 어떻게 해서든 진상규명을 하지 않고 대충 넘어가려는 정부와 반대 세력들을 뚫고 특별법을 통과시키고 진상조사위원회를 힘겹게 발족시켰다. 물론 이 진상조사위원회가 제대로 활동하기 위해서는 아직 넘어야 할 벽이 많지만, 자녀를 잃은 부모들의 목숨을 건 투쟁과 국민들의 지지가 여전하기 때문에 최소한 진상규명 및 책임자 처벌과 관련해서는 어느 정도의 성과를 거두리라 예상된다. 지나치게 역동적인 한국 사회의 특성상 잊을 만하면 큰 사건이 발생하기 때문에 아무리 큰 사건이라도 사건 발생 당시에만 냄비 끓듯이 끓어오르다가 금방 잊혀져버렸던 지난 경험들을 떠올려 볼 때, 세월호 참사는 1년이 지난 지금에도 국민들의 마음속에 현재진행형으로 남아 있다는 것이 매우 특이한 현상이 아닐 수 없다. 이는 그만큼 세월호 참사가 이전의 여느 사건과 비교할 수 없을 정도로 국민들에게 깊은 충격을 주었기 때문일 것이다.

세월호 참사와 관련한 이러한 국민들의 마음을 잘 보여주듯이, 2015년 1월 1일 한겨레신문이 광복 70년 특집으로 "광복 이후 일어난 가장 중요한 역사적 사건"을 묻는 설문조사에서 한국전쟁15.5%과 세월호 참사13.9%가 각각 1, 2위를 차지했다. 전체 세대를 통틀어 세월호 참사가 2위를 차지하긴 했지만, 20대와 30대, 40대에서는 세월호 참사가 1위로 나타났다. 그만큼 국민들은 세월호 참사를 단지 304명이 희생된 하나의 사고로만 보지 않고 한국전쟁에 비견할 정도로 역사를 가르는 사건으로 인식하고 있는 것이다. 냉정하게 따지자면 세월호 참사보다 더 많은 희생자가 나오고 더 많은 역사적 파장을 남긴 사건들도 많았다. 그럼에도 불구하고 국민들이 그러한 사건들보다 세월호 참사를 더 중요한 역사적 사건으로 꼽은 것은 이 사건이 광복 이후 70년 동안 정신없이 달려오며 이룩한 우리 사회의 이면과 밑바닥을 적나라하게 들춰냈기 때문일 것이다.

실제로 세월호와 함께 304명의 귀한 목숨들이 바다 속으로 가라앉으면서 그 동안 우리 사회에 가라앉아 있던 수많은 문제들이 물 위로 솟아올랐다. 그것들은 우리가 익히 알고 있던, 우리 삶속 깊숙이 자리 잡고 있던 것들이었다. 그럼에도 불구하고 그것들이 한꺼번에 드러났을 때의 모습은 너무나도 참혹했다. 국민의 안전보다 통치자의 안전과 심기를 더 염려하는 정치, 그럴듯한 시스템은 갖추었지만 위기 상황에서 실제로 작동하지 않는 무능한 행정, 경제적인 이익을 위해 사람의 생명과 안전은 뒷전으로 하고 온갖 비리와 부정이 난무하는 연고주의 사회 구조, 자신이 처한 자리에서 최소한의 책임조차 방기하는 무책임과 비윤리성, 그리고 자녀를 잃은 유가족의 울부짖음마저 정쟁과 이념의 잣대로 치부하고 뭉개려는 잔인성 등이 우리 사회의 민낯이었다.


## 교육당국의 비교육적인 민낯

세월호의 침몰은 교육계의 민낯도 가감 없이 드러냈다. 세월호의 침몰과 함께 가장 먼저 드러난 것은 교육당국이 교육의 본질에는 무관심한 채 오직 정권과 기득권에 대한 비판을 차단하는 일에만 일차적인 관심을 두고 있다는 사실이었다. 이렇게 많은 학생들이 죽고 온 국민들이 충격과 슬픔에서 빠져나오지 못하고 있는 상황에서 교육이 해야 할 기본적인 일은 남겨진 학생들로 하여금 이러한 죽음 앞에 함께 슬퍼하고 그 슬픔을 함께 나눌 수 있도록 해주는 것이 아니겠는가? 그런데도 교육당국은 이같이 가장 기본적인 것조차 제시하지 못한 채 그야말로 '가만히 있기'만 할 뿐이었다. 오히려 그나마 교사들을 중심으로 자발적으로 일어난 애도수업이나 계기수업의 움직임마저 적극적으로 제지했다. 이러한 움직임이 교육적으로 문제가 있거나 잘못되어서가 아니다. 다만 이러한 교육 가운데서 학생들을 구출

하지 못한 정부의 책임에 대한 이야기가 나올지도 모른다는 이유 하나 때문이었다.

그 동안 우리 교육은 학생들이 실제 삶의 이야기에 접속해서 세상을 이해하고 아파하며 바꾸도록 꿈꾸는 것을 차단하고, 철저하게 교과서의 추상화된 지식을 그대로 암기하여 경쟁에서 앞서도록 하는 데에만 몰두해왔다. 이러한 교육에 따른 비교육적인 병폐를 잘 알면서도 실제적인 삶을 이야기하고 아파하고 나누고 바꾸도록 꿈꾸게 하는 것이 현재의 정권과 기득권 체제에 비판적인 의식을 길러주지는 않을까 두려워서 계속해서 교육의 변화를 거부해온 것이다. 세월호의 침몰 과정에서 희생이 컸던 이유 중 하나는 '가만히 있으라'는 방송에 있었다. 이같은 세월호의 상황실은 세상이 어떻게 돌아가든 학교에서는 학생들에게 세상의 진짜 삶과 접속하지 말고 교과서의 지식만 그대로 암기하고 있으라는 교육당국의 태도와 별반 다르지 않았다. 또한 그러한 지시를 그대로 수행하면서 죽어갔던 세월호의 비극은 어쩌면 오늘날 한국 교육의 단면을 그대로 보여준다고 할 수 있다.


한 학생을 위해 협력하는 경험의 부재

세월호 참사와 함께 또 한 가지 적나라하게 드러난 것은 위기에 처한 한 학생을 놓고 제대로 협력하지 못하고 허둥대는 교육계의 모습이었다. 세월호 참사 이후 실종자들의 시신을 인양하는 과제와 더불어 75명의 세월호 생존 학생들의 회복을 돕는 일도 큰 과제였다. 다행히 경기도 교육청과 단원고의 교사들, 지역사회와 여러 전문가 집단의 도움의 손길들이 모아졌고, 그 덕분에 생존 학생들 가운데 극단적인 선택을 하는 학생은 한 명도 없이 모두들 조금씩 일상으로 복귀해갔다.

하지만 그 과정들이 모두 순조롭게 진행되지만은 않았다. 거기에도 수많은 불협화음과 갈등들이 있었다. 우선 생존자의 학부모들 가운데는 날카로운 감정으로 학교와 교사들에게 불신을 표출함으로써 그들을 움츠리게 만들었다. 학생들을 돕기 위해 투입된 공적인 조직이든 자원봉사 조직이든 모두 의욕은 넘쳤지만 학생들의 필요와 정확하게 맞물리지 못해 겉도는 경우가 많았다. 오히려 자기 조직의 성과를 과도하게 내세우려다 학교와 학생들에게서 신뢰를 잃는 경우까지 생겨났다.

학교 또한 지역사회와 여러 자원봉사 조직들과 함께 일하는 데 익숙하지 않았기 때문에 이 모든 에너지가 학생들의 치유와 교육을 위해 실제적인 힘으로 발휘되도록 조율하고 이끌어가는 일에 힘겨워했다. 그만큼 학교는 그 동안 가정과 지역사회로부터 분리된 국가의 기관으로만 존재해왔음을, 그래서 한 학생을 놓고 국가와 가정, 지역사회의 협력을 이끌어내는 구심점으로서의 역할을 제대로 감당하지 못했음을 보여주었다.

# 침몰하는 배 속에 내가 남겨둔 학생은 없는가?

세월호의 침몰과 함께 우리 교육계의 많은 문제들이 폭로되는 가운데 그나마 감사했던 것은 학생들과 끝까지 함께 있으면서 그들을 위해 목숨을 바친 교사들이 있었다는 사실이다. 비록 교사들은 방송에서 들려오는 '가만히 있으라'는 지시에 따라서 학생들을 통제할 수밖에 없었지만, 그런 가운데서도 끝까지 학생들을 떠나지 않고 그들과 함께 죽어갔다. 그들 덕분에 세월호 참사가 250명이라는 많은 학생들이 한꺼번에 목숨을 잃은 대형 참사였음에도 불구하고, 이 사건으로 인해 교사와 학교가 비난받지는 않을 수 있었던 것이다. 이는 학교와 교사에 대한 불신이 과거 그 어느 때보다 높은 현실을 감안할 때 매우 이례적인 일이었다.

따라서 우리 기독교사들은 세월호 참사 가운데서 학생들과 끝까지 함께 있으면서 자신의 목숨을 바쳤던 교사들의 죽음을 기억하며, 이제는 학교와 교사가 이 사회로부터 신뢰를 회복하는 새로운 전기가 되도록 학교와 교사에 대한 신뢰회복운동에 더욱 박차를 가해야 할 것이다. 나아가 교사의 일을 수행하면서 침몰하는 배 안에 학생들을 남겨두고 나만 살겠다고 빠져나오는 행동을 하고 있지는 않은지 끊임없이 자신을 돌아봐야 할 것이다. 특별히 누적된 학력 결손으로 좌절하고 고통당하는 학생들, 양극화의 현실 속에서 가정에서 제대로 된 돌봄을 받지 못하는 학생들, 교사의 진액을 다 빼앗아갈 정도로 힘들게 하는 학생들을 만날 때 어쩔 수 없다며 버려두는 것은 아닌지 돌아봐야 할 것이다. 비록 이런 문제들의 원인이 학교에 있는 것이 아니며 또한 교사 개인의 힘으로 해결할 수 있는 것도 아니라 할지라도, 우선은 침몰하는 배 안에 남아있는 학생들에게 관심을 가지고 그들과 끝까지 함께 있으면서 최선을 다해 그들을 살리려고 노력해야 할 것이다.

# 조금씩 오래 많이
## 슬퍼합시다

·

대학시절, 같은 기독동아리에서 활동했던 친구 아버지가 돌아가셔서 조문을 간 적이 있다. 친구 아버지가 오랜 기간 질병으로 고생하다가 돌아가신 것이어서 그 친구와 가족들이 아버지의 죽음을 받아들이는 데는 큰 어려움이 없었다. 그러나 평소 아버지와의 관계가 매우 친밀하고 돈독했었기 때문에 그 친구가 느낀 슬픔은 이루 말할 수 없이 커 보였다. 그런데도 장례식 기간 내내 그 친구는 많이 울지 않았고 슬픔을 잘 절제하고 있었다. 장례식을 다 마친 후 그 친구는 이렇게 말했다.

"이제 더 이상 아버지가 내 곁에 없다는 사실이 너무 슬퍼서 내가 혹 이 슬픔을 한꺼번에 다 쏟아버리고 이후에 슬픔을 잊고 살까 봐 너무 두려웠어. 그래서 장례 기간 내내 어떻게 이 슬픔을 잊어버리지 않고 오래 기억할지 고민했어. 어떻게 하면 아버지의 죽음을 '조금씩 오래 많이' 슬퍼하며 살 수 있을까 하는 것이 나의 최대 고민이야."

# 왜 우리는 잊으려 할까?

세월호 참사가 발생한 지 두 달 이상의 시간이 흐르면서 우리 사회 전반에서 세월호 참사와 이것이 주는 교훈을 벌써 잊어가는 느낌이다. 처음부터 이 일을 정략적인 관점에서 접근해온 정부와 일부 정치권, 주류 언론 등에서는 기본적인 진상조사조차 외면한 채 꼬리자르기와 책임회피, 국면전환에 몰두해 왔다. 그리고 이 일로 인해 드러난 우리 사회의 과도한 물질주의와 경제이익 제일주의, 뿌리 깊은 부패사슬들에 대해서는 약간의 시늉만 낼 뿐 근본적인 조치를 전혀 취할 의사가 없어 보인다. 그도 그럴 것이 이러한 것들은 현 정부를 포함해 범기득권 세력들의 철학이자 존재의 기반이기 때문이다.

그런데 문제는 세월호 참사 이후 이 일을 마치 자신이 직접 겪은 것처럼 힘들어하며 오랜 시간 어찌할 바를 몰라 슬픔에 잠겨있던 사람들조차 이제는 모든 일을 애써 잊으려고 한다는 것이다. 물론 우리는 다 알고 또 이해한다. 가슴을 짓누르는 슬픔을 계속 안고 일상을 살아야 하는 일이 얼마나 힘든지. 그래서 그 아픔을 감당하기 힘들어 일부러 뉴스를 보지 않는 사람들도 많다. 실제로 그 동안 정말 많은 사람들이 가까운 곳에 설치된 분향소는 물론, 먼 거리에도 불구하고 안산의 분향소와 단원고, 그리고 진도의 팽목항까지 방문했다. 뿐만 아니라 세월호 진상조사나 책임규명을 외면하는 정부를 향해 분노의 촛불을 들기도 했다. 하지만 그 다음 단계에서 해야 할 일이 무엇인지는 알지 못했다. 그래서 맥없이 일상의 삶에 묻혀버리는 자신을 견딜 수 없어서 아예 모든 것을 애써 잊는 단계로 나아가는 것이다.


## 탐욕과 부패의 깊은 뿌리까지 건들지 못하고

이번 세월호 참사는 많은 사람들이 지적하듯 겉으로는 화려하지만 회칠한 무덤과도 같았던 이 사회의 추악함과 악취를 그대로 드러낸 매우 중요한 사건이었다. 그래서 어떤 사람들은 한국 현대사는 세월호 이전과 이후로 나눌 수 있다고까지 말하기도 한다. 맞는 말이다. 하지만 우리가 조금만 돌아보면 이런 규모의 큰 안전사고는 씨랜드 참사, 대구 지하철 방화, 삼풍백화점 붕괴, 성수대교 붕괴 등 많이 있었다. 또한 이러한 사건들을 겪을 때마다 우리 사회는 이제는 이 사회를 근본적으로 바꾸어야 한다며 슬퍼하고 분노했다. 하지만 실제로 바뀐 것은 아무것도 없다. 이러한 사건의 원인이 된 근본적인 탐욕과 부패의 고리를 끊어내는 것은 고사하고 최소한의 안전장치조차 제대로 마련하지 못하고 넘어갔다.

이전의 대형 참사 때도 지금 정도는 아니지만 범국민적인 분노와 슬픔이 한동안 지속되었다. 하지만 그와 같은 범국민적인 분노와 슬픔만으로는 우리 사회의 근본적인 탐욕과 부패의 핵심을 제대로 건드릴 수 없었다. 왜 그랬을까? 이를 한 마디로 말할 수는 없겠지만, 분명한 것은 우리 사회의 근본적인 탐욕과 부패의 고리들이 마치 잡초의 잔뿌리처럼 우리 사회의 구성원들 한 사람 한 사람에 이르기까지 뿌리를 내려 강한 생명력을 유지하고 있기 때문일 것이다. 그렇기 때문에 비록 그러한 사건들의 직접적 원인이 된 사람과 기관들의 탐욕과 부패는 지적할 수 있다 하더라도, 정작 그것과 연결된 나의 탐욕과 부패까지는 다룰 수 없어서 슬그머니 꼬리를 내리는 것이다.


## 시민으로서의 실천을 넘어 생활인으로서의 실천을

세월호 참사와 관련해 우리는 한 사람의 인간으로서 슬퍼하고 아파하는 것이 마땅하다. 또 한 사람의 시민으로서 우리는 이 사건에 대한 분명한 진상규명과 책임자 처벌, 재발방지책을 정부에게 요구해야 한다. 이러한 요구는 우리가 할 수 있는 매우 다양한 방법으로 계속되어야 한다. 하지만 이와 더불어 우리가 생각해야 하는 것이 한 가지 있다. 그것은 이러한 시민으로서의 요구와 행동은 일정 선에서 한계를 가질 수밖에 없다는 것이다. 물론 그 한계는 개인마다 다를 수 있다. 또한 시민의 힘이 어떤 방식으로 결집되고 정치권을 압박하느냐에 따라 그 영향력과 지속성에도 차이가 있을 수 있다. 그리고 설령 한계가 있다 하더라도 포기하지 않고 그 한계까지 밀고 나가는 것이 마땅하다.

하지만 동시에 이러한 한 인간으로서 그리고 시민으로서의 실천은 각자 자신이 처한 삶의 현장 가운데서 이뤄지는 생활인으로서의 일상적인 실천과 반드시 함께 가야 한다. 자신의 삶의 현장에서 이뤄지는 일상적인 실천은 단회적인 것이 아니라 지속적인 것이다. 또한 지속적인 일상의 실천은 우선적으로 자신 안에 있는 탐욕과 부패로부터 자신을 조금씩 해방시킴으로써 자신을 보다 깨끗하고 힘 있고 성숙하게 만든다. 이렇게 깨끗하고 힘 있고 성숙한 사람만이 그 삶의 현장에 영향력을 미칠 수 있으며, 그 영향력은 무엇과도 비교할 수 없을 만큼 강력하고 지속적일 수 있다.

## 일상으로 돌아오는 것이 아닌 일상에서의 실천으로

각 개인이 속한 삶의 영역에서 일상적으로 실천하자는 것은 우리가 언제까지 슬퍼할 수만은 없으니까 이제 일상의 삶으로 돌아가자는 것과 정반대이다. 오히려 그것은 우리가 지닌 슬픔을 에너지로 삼아 이를 실천하기 가장 힘든 자신의 일상에서 구체적으로 실천함으로써 분노와 슬픔을 지속하고 승화하자는 것이다. 물론 당장은 삶의 일상에서 구체적으로 실천하는 것이 다시 이전의 일상으로 돌아가는 것과 큰 차이가 없어 보일 수 있다. 또 자칫 잘못하면 그냥 슬퍼하는 체면치레를 마친 뒤 이전의 일상으로 돌아가는 꼴이 될 수도 있다. 따라서 이러한 반복이 일어나지 않도록 지속적으로 자신과 싸워야 함은 물론, 나아가 이러한 싸움을 지원하는 공동체의 도움이 꼭 필요한 것이다.

이제 우리는 세월호 참사로 인한 아픔과 슬픔을 잊어버리는 것이 아니라 더 선명하게 기억하기 위한 실천으로 들어가야 한다. 따라서 한편으로는 힘이 닿는 대로 정부와 사회를 향한 시민으로서의 실천을 힘써 행해야 하지만, 동시에 우리의 일상에서 무엇을 실천해야 할지를 찾고 그것을 행동으로 옮겨야 한다. 그것은 일상에서 지켜야 할 사회의 규범이나 규칙들을 준수하는 것일 수도 있고, 반대로 케케묵은 부당하고 불의한 관습과 관행들에 저항하는 것일 수도 있고, 가정의 경제생활에서 탐욕적인 요소들을 찾아 버리는 것일 수도 있고, 자녀의 교육에서 세상의 가치와 욕망을 극복하고 바른 교육을 실천하는 것일 수도 있다. 무엇보다 내 경우에는 교사로서 학생들을 가르치고 지도할 때 무엇을 학생들의 생각과 삶에 지속적으로 제시해야 할지, 뿐만 아니라 교사로서 내가 고쳐야 할 관성은 무엇이며 학교 내 동료들과의 협업을 통해 고칠 것은 무엇인지 고민하고 실천하는 것이다.

물론 이러한 일상에서의 실천은 세월호 참사가 아니더라도 우리가 마땅히 해야 할 것들이고 또 할 수 있는 것들이다. 하지만 세월호 사건을 계기로 이러한 일상에서의 실천을 시작할 경우, 우리는 이러한 실천을 할 때마다 세월호 참사를 기억할 수 있을 것이다. 또한 반대로 주기적으로 세월호 참사를 기억하고 슬퍼하는 과정을 거칠 때, 이것이 자양분이 되어 우리의 일상에서의 실천을 지속하며 발전시켜갈 수 있을 것이다.

이제는 더 이상 지난 많은 사건들에서처럼 한꺼번에 슬픔과 분노를 폭발시킨 뒤 너무 쉽게 잊어버리고는 마치 아무 일도 없었다는 듯이 일상으로 돌아가는 행태를 반복해서는 안 될 것이다. 그보다는 우리의 구체적인 일상에서 조금씩 오래 많이 슬퍼하는 방식을 취해야 할 것이다.

# 교사의
# 책꽂이

## 참고서와 문제집이 다야?

대학을 졸업한 후 갓 교직에 들어섰을 때는 모든 것이 낯설었다. 하지만 그중에서도 제일 이해하기 힘들었던 것은 교무실 선생님들의 책꽂이에 참고서와 문제집만 가득 꽂혀있다는 사실이었다. 참고서라는 게 아무리 뛰어나다 해도 교과서의 내용을 잘 요약하거나 좀 더 자세히 부연설명하고 있는 것일 뿐이고, 문제집이라는 것도 교과서의 내용을 잘 이해하고 암기했는지 확인하기 위한 다양한 문제들을 묶어놓은 것일 뿐이라는 게 내가 경험했고 알고 있던 상식이었다. 나아가 이러한 참고서와 문제집은 암기위주 입시교육의 현실을 가장 잘 보여주는 상징이기도 했다.

입시위주의 교육현실에서 살아가는 교사로서 이를 완전히 벗어날 수는 없는 일이다. 따라서 참고서나 문제집을 활용하지 않을 수는 없다. 하지만 그렇다 할지라도 이러한 것들로 교사의 책꽂이를 다 채우는 것은 바람직하지 않다고 생각했다. 조금 과장하자면 교사의 책꽂이가 참고서와 문제집으로 가득 차 있는 경우 이것은 "교사의 직무는 교과서 내용을 잘 요약해서 가르치고 그것을 학생들이 잘 이해하고 외우고 있는지를 평가하는 것이다."라고 말하고 있는 것처럼 보여 몹시 불편했다. 비록 교사의 처지가 입시교육이라는 거대한 물결에 떠밀려 이를 직접적으로 수행할 수밖에 없는 처지라 할지라도 가능한 입시교육을 최소화하면서 교육의 본질을 살리기 위한 싸움을 교사의 자존심을 걸고 실행해야 할 텐데, 그렇지 않고 오히려 이런 현실을 적극적으로 수용하는 것 같은 느낌이 들어서 기분이 좋지 않았다.

## 교사의 정체성이 담긴 책꽂이에 도전하다

물론 이러한 기분을 동료들 앞에서 표현할 수는 없는 상황이라 내가 할 수 있는 소극적인 저항 혹은 약간의 퍼포먼스를 해야겠다고 생각했다. 그래서 우선은 여러 출판사에서 보내온 참고서와 문제집을 다 재활용 쓰레기통에 버려버렸다. 그리고 대학시절에 보던 전공 책들 중에서 교육과정과 관련된 책들을 책꽂이에 꽂기 시작했다. 더불어 틈나는 대로 내가 가르쳐야 하는 해당 학년의 교육과정과 교과서를 연구할 때 각 단원의 주제와 관련해 생각의 깊이와 폭을 넓히는 데 도움이 되는 자료, 또는 각 단원과 관련해 학생들이 읽거나 보면 좋을 법한 자료들을 찾아 부지런히 돌아다니기 시작했다. 요즘처럼 인터넷이 발달하기 전이기 때문에 직접 발품을 팔아 대형서점과 도서관, 여러 단체들을 돌아다녀야 했지만, 가르쳐야 할 교육과정과 관련해 나의 사고를 틔워주는 좋은 자료들이나 학생들과 함께 볼 좋은 영상 자료들을 찾아 구입했을 때의 기쁨은 이루 말할 수 없이 컸었던 것을 기억한다.

이렇게 하나씩 자료들을 모으다 보니 어느 정도의 깊이와 폭을 갖춘 지식을 담고 있으면서 그것을 학생들의 눈높이에 맞추어 전달하는 자로서의 교사의 정체성을 보여주는 책꽂이가 갖추어져가고 있었다. 그리고 어느덧 한 단의 책꽂이로는 모자라서 두 단의 책꽂이로 교체했고, 교무실 내에서 여러 다른 선생님들도 지나다니며 내 책꽂이에 꽂혀있는 책의 변화에 관심을 가질 정도로 명물이 되었다. 물론 몇몇 선생님들은 내 책꽂이에서 책을 빌려 읽기도 했다.

## 교사의 책꽂이와 업무공간은 어떻게 달라야 하는가?

물론 교사가 하는 일과 학자가 하는 일은 다르다. 따라서 교사의 책꽂이나 업무공간이 최신의 논문들과 단행본들로 빼곡한 학자의 책꽂이나 연구실과 같을 필요는 없다. 하지만 그렇다고 해서 교사를 단순히 교과서 중심의 지식을 전달하거나 훈련하는 사람으로 규정해서도 안 된다. 그런 점에서 이러한 왜곡된 인식을 줄 수 있는 참고서와 문제집 위주의 책꽂이나 현행의 업무공간은 거부될 필요가 있다. 그보다는 교육과정의 전문가이자 삶속에서 살아 움직이는 가르침과 배움의 공간을 만드는 교육 전문가로서의 교사의 정체성을 잘 드러내주는 책꽂이와 업무공간에 대해 도전하는 자세가 반드시 필요하다.

교사의 책꽂이와 업무공간을 이야기할 때 또 하나 극복해야 하는 것이 있다. 그것은 책상 위에 컴퓨터 하나만 달랑 있고 퇴근할 때는 아무 것도 없이 깨끗해야 하는 사무용 혹은 행정가형 책꽂이나 업무공간을 교사에게 강요하는 관행이다. 이런 식으로 교사의 책꽂이와 업무공간을 일반 행정직의 기준에 맞추라고 압박하는 것은 교사를 교육행정의 말단 담당자라고 인식하는 것이다. 교사가 교육행정의 일부를 담당하고 있는 것은 사실이지만, 그렇다고 교육행정이 교사의 핵심 정체성이 될 수는 없다. 따라서 교사에게 사무용 혹은 행정가용 책꽂이와 업무공간을 강요하는 것은 옳지 않다.


인터넷 시대에도 책은 여전히 중요하다


교사의 책꽂이나 업무공간이 대학교수와 같이 1인 연구실 체제로 갈 수는 없다. 그러나 최소한 5~10인 정도의 공간에서 교사 개인이 어느 정도 연구에 집중할 수 있도록 칸막이와 벽면에 개인용 큰 책장 하나 정도는 놓을 수 있도록 해야 한다. 다시 말해, 대학교에서 대학원 박사 과정에게 제공되는 공동 연구실 정도의 공간이나 분위기를 조성해줘야 한다는 것이다. 만일 여기에 학생들이나 학부모를 상담할 수 있는 공간까지 마련될 수 있다면 더욱 좋을 것이다. 이와 같이 교사의 책꽂이나 책장, 그리고 연구 분위기는 그 자체로 학생들에게 좋은 교육의 장이 될 수 있다. 특별히 중고등학교의 경우 교사의 전공에 따라 다양한 책꽂이와 책장이 준비된다면, 그 자체로 다양한 전공을 꿈꾸는 학생들에게 진로교육의 한 장이 될 수도 있다.

물론 인터넷 환경이 발달함으로써 책이나 문서 자료가 교사의 교재 연구나 수업 준비에서 제일 중요한 위치를 차지한 데서 밀려난 지는 오래되었다. 오히려 대부분의 교사들에게는 인터넷에서 적절한 영상자료 찾기, 교사 커뮤니티를 통한 동료교사들의 수업자료 다운받기 등이 훨씬 중요한 수업준비 수단으로 자리하고 있다. 하지만 인터넷을 통한 수업준비 과정이 구체적인 실제 수업을 구상하고 기획할 때 유용한 수단임에는 틀림없지만, 그렇다고 그것만이 수업준비의 전부일 수는 없다. 교과전문가로서 교사는 자신의 교과에 관한 지식의 폭을 넓히고 깊이를 더하는 작업을 끊임없이 해가야 한다. 물론 이러한 과정은 교사에게 급한 일은 아니다. 하지만 무엇보다 중요한 일이다. 교사의 수업준비에서 당장 써 먹을 수 있는 유용한 자료를 많이 확보하고 그것을 적재적소에 잘 배치하고 활용하는 것이 매우 중요하지만, 이와 더불어 그 배후에서 교과와 관련한 풍부한 독서를 통해 깊이와 넓이를 더해갈 수 있어야만 어느 순간 수업이 일정 단계에서 머물고 한계에 부딪히는 것을 극복할 수 있게 된다.


## 느리지만 제대로 갖추고 싶다


7년 만에 복직하고 나서 학급운영은 몇 가지 주워들은 이벤트와 왕년의 이력으로 어느 정도 적응을 하겠는데, 수업만큼은 매 시간 아쉬움과 함께 한계를 느낀다. 물론 여기저기 좋은 자료들을 뒤져서 그날그날 적용하고는 있지만, 그 동안 내 교과와 관련해서 안테나를 세우고 관련한 책을 읽고 생각을 심화시켜 오지 않았기 때문에 그만큼의 한계를 느끼는 것은 어쩔 수 없는 일인 것 같다. 내 사고의 깊은 곳에서 끌어올릴 것이 많지 않음을 계속 느끼게 된다.

그래서 당장 임박한 수업준비를 하는 것과 동시에 틈나는 대로 교과와 관련한 책들을 읽으려고 노력한다. 당장은 이전에 보던 책들을 뒤적거리고 있지만 틈나는 대로 대형서점에 가서 최신 책들도 찾아보려고 한다. 그리고 그 동안 독서동아리를 운영하느라고 중학교 1학년 학생들과 함께 읽은 책들만 꽂혀있는 교무실의 내 책꽂이에 수업과 직접적인 연관성은 떨어지지만 교과와 관련된 생각의 지평을 열어주는 신간들을 구입해서 꽂아놓을 생각이다. 여러 가지로 분주한 일들 때문에 책꽂이에 책이 늘어나는 속도는 다소 느리겠지만, 교과전문가로서의 특성이 잘 드러나는 책꽂이에 다시 도전하고 싶다.

# 연구자로서의
# 교사

"선생님, 저희가 이번 겨울에도 수련회를 하는데, 매번 해 주셨던 것처럼 매일 아침 오셔서 QT를 지도해 주셨으면 좋겠습니다."

"아니, 언제까지 저를 강사로 부를 거예요? 이제 삼 년 정도 훈련이 되었으면 내부에서 강사를 세우세요. 특히 병오 학생은 이제 졸업하고 선배가 되니까 병오 학생이 그 동안 QT를 해왔던 경험을 잘 정리해서 후배들에게 QT를 교육하도록 하세요."

"언제까지 나를 강사로 부를 거예요?"

대학생활을 돌아보면 '행운'이라고 표현할 수밖에 없을 정도로 좋은 분들을 많이 만났고 그들의 지도와 도움 아래 많은 것들을 배웠던 것 같다. 그중에서도 가장 기억에 남는 분이 고故 윤종하 총무이다. 그는 한국 성서유니온 초대 총무를 맡아 20년 가까이 실무 책임을 맡으며 성경읽기의 불모지였던 한국 교회에 QT를 소개하고 확산시키는 데 헌신했다.

감사하게도 그는 내가 속했던 기독동아리의 초창기에 활동했던 선배였다. 그래서 우리 기독동아리는 이 끈을 놓지 않고 수련회 때마다 QT강사로 그를 불러 QT실습을 받았다. 그때마다 그는 우리의 제안을 귀찮다 하지 않고 매일 새벽 우리 수련회장에 와서 QT를 지도한 후 출근하곤 했다. 그래서 우리는 언제나 윤종하 총무를 붙박이 수련회 QT강사로 생각하고 있었다.

그런데 내가 졸업을 앞둔 1월 겨울수련회를 준비하면서 언제나처럼 당연하다는 듯이 QT강의를 부탁하자 윤 총무는 강의를 거절하면서 우리의 안일하고 염치없음을 책망하였다. 그의 책망을 들으며 우리는 정신이 번쩍 들었고 부랴부랴 내가 강의를 준비하게 되었다. 강의를 준비하면서 돌아보니 대학생활 동안 QT를 통해 개인적으로 변화되고 깨달은 은혜의 경험뿐만 아니라 후배들과의 소그룹 모임에서 QT를 지도했던 경험들도 많이 있었다. 만약 그때 내가 강의를 준비하면서 이런 경험들을 묶지 않았다면 그것들은 그냥 흩어져버렸을 것이다. 그러나 감사하게도 강의를 준비하다 보니 그것들이 내 안에 하나의 축적된 자산으로 남아 있을 뿐 아니라 공동체에게도 보다 체계적으로 기여할 수 있다는 것을 발견하게 되었다.

## 입력의 교육에서 표현의 교육으로

그때 강의했던 경험은 내 삶에 소중한 자극제가 되었다. 그래서 대학교를 졸업하면서 일 년에 한 번은 후배들에게 와서 강의를 해야겠다고 결심하고 약속까지 했다. 일 년에 한 번 강의하겠다는 것은 최소한 일 년에 한 가지 주제만큼은 꼭 붙잡고 씨름하고 그 씨름의 결과를 정리해내겠다는 것을 의미했다. 물론 대학교를 졸업한 후 사회 초년생의 삶은 내가 생각하던 것보다 훨씬 벽이 높았으며, 학교와 가정이라는 새로운 도전들까지 쓰나미처럼 내 삶을 압도해왔다. 때문에 그 가운데서 살아남는 것만으로도 힘에 버거운 일이었으니 당시 내가 얼마나 무모한 것을 결심하고 약속했는지 실감해야만 했다. 하지만 그때 그러한 결심과 약속이 있었기 때문에 부족하나마 내 삶에서 씨름했던 것을 성공이나 실패와 상관없이 정리하는 작업을 할 수 있었고, 그 후 매해는 아니지만 그래도 자주 후배들의 모임에 가서 한 동안 강의할 수도 있었다. 그때 내가 강의했던 주제들로는 '하나님의 인도', '일상생활에서의 영성과 기도 생활', '직업으로의 부르심과 준비' 등이었다.

내가 삶속에서 씨름한 경험들을 그냥 흘려보내지 않고 자료로 정리해서 다른 사람들과 나누며 공동체를 섬기는 데 사용하겠다고 결심한 것은 교직생활에서도 그대로 적용되었다. 그래서 매해 학생들과 함께 생활했던 기록들과 자료들을 일일이 다 모아서 학급문집을 만들었고, 수업자료나 학급운영 자료들도 나름대로 정리해갔다. 그리고 새롭게 시도했던 학급운영이나 수업방법들은 기독교사 지역모임이나 수련회에서 꼭 발표하고 나누었다. 이러한 과정들이 교사로서 나의 정체성을 지키고 성장시키는 데 얼마나 큰 힘이 되었는지 모른다.

한국 교육은 많이 읽고 듣고 외우는 입력에 강한 교육이다. 반면 말하고 토론하고 정리하는 표현에는 심히 약하다. 하지만 교육의 결과는 결국 표현으로 나타나야 한다. 또한 다양한 형태로 표현하려면 스스로 입력하지 않으면 안 된다. 이 가운데서 진정한 배움이 일어나며 이러한 배움은 힘들지가 않고 재미있고 신나며 보람으로 남게 된다. 하지만 정작 교사 자신이 그런 식으로 배우지 않았기 때문에 패러다임을 전환하는 것이 쉽지 않다. 무엇보다 교사가 먼저 자신의 교육활동을 정리하고 발표하고 함께 토론하는 과정을 통해 성장의 기쁨을 경험하지 못한다면, 이를 학생들을 교육하는 일에 적용할 수도 없다. 그렇기 때문에 교사가 표현하는 교육의 기쁨을 누리는 것은 한국 교육의 패러다임을 전환하기 위해서라도 매우 시급하고 중요한 일이라 하겠다.

## 성공과 실패, 그 가운데서의 통찰을 담아

7년 만에 복직하자마자 중학교 1학년 담임을 맡는 등 그야말로 평교사로서 바쁘게 1년의 시간을 보냈다. 이러한 내게 만

나는 사람들마다 학교생활이 어떠냐고 궁금해 한다. 물론 나는 이 질문의 의도를 잘 안다. 숨 쉴 틈 없이 몰려드는 업무와 끊임없이 사고치고 약간만 기분이 뒤틀리면 안하무인격으로 대드는 학생들 속에서 힘들어하고 넘어지고 지치지 않았느냐는 질문일 것이다. 더불어 그런 나의 이야기를 들으며 함께 공감하고 위로를 받고자 함일 것이다. 물론 나는 여느 다른 선생님들과 비슷하게 아니 그보다 훨씬 못하게 수없이 좌절하고 낙망했었다. 학생들을 인격적으로 대하려면 그만큼 무책임하고 비인격적인 그들의 행동에 인내하며 관용해야 한다는 것을 알면서도 그들의 반응에 많이 절망했었고, 학생들에게 토론과 발표를 많이 하게 하려면 그만큼 에너지가 많이 소모될 것을 알면서도 그 때문에 쉬 지쳐하고 힘들어하기도 했다.

하지만 이러한 절망과 소모의 굴레 속에서도 내가 포기하지 않고 붙들려고 했던 것은 '연구자로서의 교사'의 모습이었다. 즉, 잘 하든 못 하든 내가 나름대로 교육철학을 가지고 시도했던 교육활동 등을 어떤 형태로든 자료로 남기고, 그럼으로써 학생들에게는 자부심이 되게 하고 교사들에게는 보고 참고할 수 있는 자료가 되게 할 뿐 아니라 나아가 한국 교육의 변화를 위한 작은 불쏘시개로 제공해야겠다는 것이었다. 그래서 우선적으로 올 한 해 시행했던 교육활동들 중에 제일 의미 있다고 생각하는, 자유학기제 선택교과의 일환인 '소논문 쓰기 반' 자료집을 두 권으로 묶어 학생들에게 나눠주었다. 그리고 그 과정을 정리하여 "중학생 소논문 쓰기 반 지도의 실제"라는 글을 기윤실 교사모임 리더훈련 과정에서 발표하고 나누었다. 또 자유학기제가 정책적으로 어떤 함의를 가지며 어떤 방향으로 나아가야 하는지를 "자유학기제의 미래와 중학교 교육혁신의 방향"이라는 제목으로 정리해서 정책토론회를 갖기도 했다.


## 연구자로서의 교사 역량 강화를 소망하며

대학교에서 가르치는 교수들은 보통 자신들의 정체성을 학생들을 가르치는 자, 학자로서 연구하는 자, 지식인으로서 사회문제의 해결에 기여하는 자라는 세 가지 측면으로 인식하면서 이들 사이에 균형을 잡으려고 많이 노력한다고 한다. 그렇다면 교사의 정체성은 무엇일까? 개인적으로는 어려운 내용들을 학생들의 눈높이에 맞추어 그들 속에서 실제 배움이 일어나도록 잘 가르치는 것과 더불어 그들의 삶에 깊이 개입하여 그 인격과 사회성을 형성해 가도록 하는 것, 이 두 가지가 교사 정체성의 80% 정도를 차지한다고 생각한다. 그리고 나머지 20% 정도는 '연구자로서의 교사' 정체성이 아닐까 생각한다. 물론 여기서의 연구는 학자들의 연구와는 성격이 다른 것이다. 즉, 교사가 시행하는 교육활동에 대해 끊임없이 반성하면서 교육의 본질에 맞는 새로운 교육활동을 모색하고 실천하는 것, 그리고 그 실천한 내용들을 정리해서 동료 교사들과 공유하고 나누는 것, 나아가 그것에 바탕을 둔 교육정책들을 만들고 제안하는 것이다. 이렇

게 교사들이 현장에서 헌신되고 전문성 높은 교육실천을 할 뿐
아니라 개인적으로든 공동체적으로든 연구의 결과물들을 만들
어낼 때 우리 교육은 아래에서부터 말없이 변화해갈 것이다.

# 새로운 도전
# 앞에서

우리나라의 교육에 스웨덴, 핀란드 등 북유럽의 교육이 조금씩 알려지고 주목받기 시작하던 2009년에 나는 진보진영의 학자 및 교사 그룹들과 함께 스웨덴과 핀란드를 다녀왔다. 북유럽 국가들의 교육과 사회적 전통이 우리와는 많이 달라서 당장의 적용점을 찾기는 쉽지 않았지만, 그래도 우리나라 교육의 문제점을 바라보며 그 좁은 틀의 한계 속에 갇혀있던 시야를 열어 교육의 본질에 기반한 새로운 상상을 할 수 있다는 것이 큰 힘이 되었다. 그래서 이러한 경험을 좋은교사운동 회원들에게도 갖게 하고 싶어서 2011년에 북유럽 교육탐방팀을 꾸려 핀란드와 덴마크를 방문했다.

## 북유럽교육, 그 본질이 뭐지?

핀란드와 덴마크의 교육은 국가가 모든 학생들 한 사람 한 사람의 소질과 적성에 따른 교육을 책임진다는 공교육의 정신을 거의 완벽하게 구현한다는 공통점이 있었다. 하지만 공교육의 정신을 구현하는 방법과 특성 면에서는 차이가 많았다. 핀란드는 사립학교가 거의 없는 공립학교 중심의 체계였다. 성적이 뒤처지는 학생에게 더 많이 투자해서 모든 학생들을 일정 수준 이상으로 끌어올리는 틀이 잘 갖춰진 이상적인 의미의 평등교육을 제대로 실현하고 있었다. 고등학교 때부터는 인문계와 직업교육으로 나누어지는데, 인문계 안에서는 무학년 학점제를 시행함으로써, 직업교육 안에서는 다양한 영역의 직업교육을 선택하게 함으로써 다양성을 보장하고 있었다. 하지만 전체적으로는 국가가 하나의 큰 틀 안에서 교육을 끌어가고 있었다.

이렇듯 핀란드 교육이 기본적으로 '평등'에 대한 지향이 강하다면, 상대적으로 덴마크 교육은 '자유'에 대한 지향이 교육전반에 깔려 있었다. 우선 공교육만 보더라도, 덴마크 역시 국가가 교육을 분명하게 책임지고 있긴 했지만, 각 학교의 교육과정운영이나 교육의 분위기는 핀란드와 비교할 때 상당히 자유로웠다. 무엇보다 덴마크 교육이 지향하는 바를 가장 잘 드러내주는 특징은 전체 교육의 20% 정도를 차지하는 자유교육<sub>대안교육</sub>이었다. 유치원과 초중학교 단계에서 일정 수의 학부모들이 원하기만 한다면 그들이 바라는 학교를 운영할 수 있을 뿐 아니라 그런 경우에도 교육재정의 대부분을 국가가 지원하고 있었다. 이러한 자유학교가 존재함으로써 학부모들의 교육철학에 따른 다양한 학교의 실험이 가능했고, 이런 실험의 성과는 다시 공교육에 영향을 미쳐 전체 덴마크의 교육을 건강하고 살아있게 만드는 요소로 작용하고 있었다.

이러한 덴마크 교육의 역동성은 1800년대 초 유럽에서도 제일 빠른 시기에 공교육이 도입되었을 때 당시 농민들과 지역사회가 그들의 삶과 동떨어진 라틴어나 그리스 고전 및 철학 중심의 공교육을 거부하고 덴마크의 언어와 전통, 농민들이 부르던 노래와 농업을 배우는 소박한 농민학교를 지켜갔던 전통에 기반한 것이었다. 그리고 전쟁으로 황폐화된 덴마크를 재건하는 데 정신적 지주였던 그룬트비*와 콜**의 삶과 가르침에 기반한 것이기도 했다. 이렇게 핀란드와 덴마크의 교육을 살펴볼 때, 아직 공교육에 대한 이해와 기반이 충분하지 못한 우리나라로서는 우선 핀란드의 교육에서 볼 수 있는 평등의 정신을 받아들여야겠지만, 동시에 핀란드의 교육에서 머물지 않고 자유에 기반한 덴마크의 교육에서 볼 수 있는 다양성과 역동성에까지 나아가야 한다고 생각했다.

---

* 니콜라이 그룬트비(Nikolai Frederik Severin Grundtvig, 1783~1872): 덴마크 교회에 새로운 활력을 불어넣은 신학운동(그룬트비주의)의 선구자였으며, 찬송가 작가, 역사가, 초기 스칸디나비아 문학 연구의 개척자, 교육이론가로도 뛰어난 업적을 남겼다.
** 크리스텐 콜(Christen Mikkelsen Kold, 1816~1870): 그룬트비의 제자이자 동역자로서, 그룬트비의 교육사상에 기반한 학교를 만들어 실천한 덴마크 자유교육의 실천가였다.

## 애프터스콜레를 보며 학생들이 눈에 밟히다

덴마크에는 교육의 본질에 기반하여 상상할 수 있는 그 이상의 다양한 교육적 실험들이 존재했다. 그 가운데서도 내게 가장 인상 깊었던 것은 '애프터스콜레Efterskole'였다. 애프터스콜레는 중학교와 고등학교 사이에 있는 1년 과정의 대안학교로서, 중학교를 졸업한 후 고등학교에 진학하기 전에 1년 정도 쉬면서 자기를 돌아보고 친구들이나 선생님들과 깊은 교제의 시간을 가지며, 앞으로 자신이 어떻게 살아야 할지를 모색할 수 있게 하는 것을 목적으로 하고 있었다. 애프터스콜레는 주로 시골 지역에서 기숙학교 형태로 진행되고 있었는데, 다른 자유학교와 비슷하게 국가가 75%정도저소득층의 경우 전액 보조의 재정을 지원한다고 했다. 그리고 중학교 3학년 졸업생이 아닌 중학교 1학년이나 2학년에 재학 중인 학생 가운데서도 공교육의 틀을 벗어나 자기를 돌아보기를 원하는 학생은 누구나 지원이 가능했다. 그렇게 해서 덴마크 학생들의 25%정도가 애프터스콜레를 거친 후 고등학교로 진학하고 있었다.

이러한 애프터스콜레를 둘러보면서 우리나라의 중학교에서 내가 만났던 많은 학생들이 떠올랐다. 힘겨운 사춘기 과정을 보내면서 자기도 어찌할 수 없는 분노, 미래에 대한 막막함, 기성세대에 대한 반발심, 특별한 이유가 없는 좌충우돌 등으로 방황하던 그들이 눈에 밟혔다. 그들에게 잠시 쉬면서 자신을 돌아보며 미래를 설계하는 시간을 갖자고 말하지 못하고, 쉴 틈 없이 돌아가는 입시의 톱니바퀴 속에서 계속 달리지 않으면 낙오된다고 말할 수밖에 없는 현실이 너무나도 안타까웠다. 그래서 우리나라의 학생들에게도 애프터스콜레와 같은 교육을 꼭 마련해주고 싶었다.


## 오디세이학교가 뭐야?

그런데 감사하게도 2012년 대통령선거 기간에 '자유학기제'를 주요 공약으로 내세운 박근혜 후보가 대통령에 당선이 되었고, 2013년 초부터 자유학기제에 관한 논의가 시작되었다. 그래서 좋은교사운동에서는 자유학기제를 중학교 3학년과 고등학교 1학년 사이에서 희망하는 학생들에게 쉼과 모색의 기회를 제공하는 한국형 애프터스콜레로 운영하자고 여러 통로로 제안했다. 하지만 이러한 제안은 받아들여지지 않았고, 대신 자유학기제는 중학교 1학년 한 학기 동안 모든 학생들에게 시험의 부담 없이 자유롭게 수업하고 진로를 탐색할 수 있도록 하는 방향으로 정해졌다. 애프터스콜레가 받아들여지지 않은 것은 안타까운 일이었지만, 정부가 정한 자유학기제의 방향도 전혀 의미가없는 것은 아니라고 생각해서 2014년에 문래중학교에 복직했을때 1학년 담임을 맡으면서 자유학기제의 의미를 충실히 살리려고 노력했고, 그 경험을 바탕으로 "자유학기제의 미래와 중학교혁신의 과제"라는 제목으로 정책토론에 참여하기도 했다.

이 과정에서 2014년 서울시 교육감으로 당선된 조희연 교육감이 공약 중 하나로 제안했던 오디세이학교*를 구체화하기 위한 TF멤버로 참여해달라는 요청을 받고 기쁘게 참여했다. 그리고 2015년부터 오디세이학교를 실제로 운영할 '오디세이학교 운영지원센터' 담당교사로 일했다. 학교에 복직한 지 1년 만에 학교를 떠나는 것이 부담되기도 했지만, '오디세이학교' 자체가 또 하나의 학교요 조금 더 많은 도움이 필요한 학생들을 가르치고 돌보는 학교 현장이라고 이해하기로 했다. 무엇보다 오디세이학교가 처음부터 그 의미를 제대로 살려 우리 교육에 안착하는 일에 나의 경험과 생각들이 기여할 수 있을 것이라고 확신했다.

모든 희망은 한계 가운데서 만들어가는 것이다

2015년 1기 오디세이학교는 희망학생 40명을 모집해 5월

---

* 처음에는 '인생학교'라는 이름으로 시작되었다가 이후 '오디세이학교'로 이름이 확정되었다. 이 학교는 서울시교육청이 민간 대안학교와 협력하여 고등학교 1학년들을 대상으로 삶의 의미와 방향을 찾도록 도와주는 1년간의 위탁교육과정이다. 2016년에는 90명의 학생을 선발하여, 공간민들레, 꿈틀학교, 하자센터에 각각 30명씩 학생들을 배정하고, 대안학교 교사들과 공교육 소속의 교사들이 협력하여 교육과정을 운영하는 민관협력 체제를 유지했다. 그리고 2017년부터는 공교육 교사들로만 운영하는 교육팀을 신설해서 운영해왔고, 2020년 현재는 대안교육 세 팀과 공교육 두 팀이 학생들에게 맞는 다양한 교육과정을 운영하고 있다.

26일에 개교했다.* 고등학교 1학년 학력인정 과정이기 때문에 보통교과를 다루긴 하지만, 가능한 그런 시간은 최소화하는 한편 학생들로 하여금 자신의 삶의 의미와 방향을 찾게 해주기 위한 다양한 대안교과들을 마련했다. 이를 위해 그 동안 대안교육을 건실하게 해왔던 몇몇 대안교육기관들과 함께 민관협력형태로 진행을 하고 있다.

모든 일이 그렇듯이 기존에 없던 것을 기존의 틀 가운데 비집고 안착시키는 데는 많은 어려움이 따른다. 머릿속에 이상으로 그리던 것을 현실화하는 데도 수많은 제약이 뒤따른다. 처음에 의도했던 것과는 달리 결과가 왜곡되어 나타날 우려도 늘 존재한다. 더군다나 진보교육감이 하는 일이라서 보수언론으로부터 흠집내기가 해도 해도 너무할 정도이다. 하지만 모든 조건이 완벽하게 갖추어진 상황에서 시작할 수 있는 일은 아무것도 없다. 모든 희망들은 약간이라도 주어진 단초들을 붙잡고 누군가의 헌신과 수고를 통해서 만들어가는 것이다.

이 학교에 내가 참여하긴 했지만 나는 실무자로 참여했을 뿐 내게 중요한 결정권이 있지는 않다. 하지만 그렇더라도 나는 내가 참여하는 모든 일에서 언제나 내가 최종 책임자인 것처럼 하나님 앞에서 책임감을 갖고 행동한다. 그래서 날마다 하나님께서 나를 이 일에 부르시고 참여시킨 이유를 묻고, 이 일이 하

---

* 원래는 1년 과정이라 3월에 시작해야 했지만 첫 해는 여러 준비과정으로 인해 5월에 개교했다.

나님의 손에 의해서 힘들어하는 많은 학생들에게 희망을 주고, 우리 교육을 새롭게 하는 데 쓰일 수 있기를 기도한다. 그리고 동일한 마음으로 여러분들에게 기도해달라고 부탁한다.

# 걸어서
# 바다까지

작년부터 내가 근무하고 있는 오디세이학교의 한 그룹인 '오디세이 하자' 소속의 학생들과 교사들이 지난 4월 말에 9박 10일 일정으로 도보여행을 다녀왔다. "걸어서 바다까지"라는 구호 아래 영등포에서 출발하여 강원도 낙산 바다까지 하루 평균 30km이상을 걷는 일정이었다. 거기다가 저녁을 먹고 몸을 씻은 후에는 하루의 일정에 대해 소감을 나누는 시간과 여행 중에 발생했던 많은 문제들에 관해 그 이유를 묻고 서로 의견을 교환함으로써 해결책을 찾는 회의시간이 짧게는 두 시간, 길게는 서너 시간까지 이어졌기 때문에 그야말로 강행군이었다.

## 여행을 통한 변화

여행 전에 여행의 의미에 대해 교육하고 서로 지켜야 할 약속에 대해 회의도 많이 했으며, 또한 체력훈련도 많이 했다. 하지만 실제 여행에 임하게 되자 첫날부터 체력에 한계를 드러내는 학생들이 있었고, 발에 물집이 생기거나 발목에 부상을 입는 학생들도 있었다. 피곤하다고 호소하거나 작은 어려움을 이기지 못하고 포기하려는 학생들도 나타났고, 약속을 지키지 않는 사례들도 많이 나타났다. 하지만 시간이 지나면서 여러 가지 이유로 걷지 않고 차량에 탑승한 학생들은 어려움을 이겨내며 성실히 걷는 친구들을 보면서 스스로 부끄러운 마음이 들어 어찌하든지 함께 걸으려고 노력했다. 또한 함께 정한 약속을 잘 지키지 않는 학생들도 밤에 이루어지는 회의에서 자신의 행동이 전체 공동체에 어떤 영향을 미치는지 알게 되면서 스스로 고치려고 노력하기 시작했다.

여행이 중반을 넘어서면서 학생들의 육체적인 피곤도는 높아갔지만 그에 비해 정신적인 결속력은 더 커져갔다. 그 동안 공동체 안으로 제대로 들어오지 못하고 겉돌던 학생들이 점점 공동체의 일원으로 받아들여지는 경험을 하면서 공동체의 구성원으로서 행동하기 시작했다. 학생들 사이에 서로를 이해하고 배려하는 것이 깊어지면서 체력적으로 여유가 있는 학생들은 체력이 약한 친구들을 돌보며 자연스럽게 역할 분담이 이루어져 갔다. 처음에는 여러 가지 상황에 불평들이 많았지만 갈수록 그런 불평이 사라지기 시작했다. 교사들이나 학생들 사이에 크고 작은 실수와 연약한 모습이 있어도 그대로 수용되는 분위기가 만들어졌다. 그래서 갈수록 학생들 스스로가 대열을 갖추어 움직이기 시작했고, 교사들은 뒤에서 지원하는 형태가 되어 갔다.

## 배움은 어디에서 오는가?

이러한 학생들의 모습을 보면서 교육이 무엇인지를 다시 한 번 고민하게 되었다. 사실 이번 도보여행을 위해 우리 교사들은 수없이 모여 회의하고 답사도 여러 번 갔다 오고 만약에 있을 상황에 대비해 만반의 준비를 했다. 그러나 실제 여행의 과정에서는 학생들이 주체가 되도록 구조를 짰다. 이렇듯 교육에서 교사는 물꼬를 트는 역할을 충실히 하는 것에 머물러야만 한다. 그래야만 그 트인 물꼬를 통해 학생들이 자유롭게 흘러가면서 배움의 흐름을 마음껏 만들어갈 수 있는 것이다.

교육에서 중요한 것 또 한 가지는 함께 나누는 과정이다. 이번 도보여행은 기본적으로 아침 일찍부터 저녁까지 걷는 일정이었다. 그래서 중간에 예기치 못한 상황이 생기면 밤늦게까지 별을 보고 걸어야 하는 피곤한 일정이었다. 그럼에도 그날 느꼈던 것들과 발생했던 일들을 모두 회의 자리에 꺼내놓고 충분히 이야기하는 시간을 포기하지 않았다. 물론 너무 졸리다거나 피곤하다고 호소하는 학생들도 있었지만, 그 시간을 통해 육체적인 경험들이 교육적인 경험으로 체화되는 것을 학생들 스스로도 느낄 수 있었기에 모두가 불평 없이 참여하였다. 이로써 우리는 배움이 어디에서부터 오는지를 알 수 있었고, 나아가 참다운 배움을 경험할 때는 교육의 상황에서 발생하는 어려움들을 넉넉히 극복할 수 있음도 알 수 있었다.

# 옛길과 새길

　도보여행의 특성상 가급적 차량통행이 적은 지방도를 이용했고 가끔은 산길을 이용하기도 했다. 그러다 보니 요즘 새로 난 길로 차를 타고 이동할 때와는 느낌이 많이 달랐다. 최근에 새로 난 국도들은 그 주변에서 살아가는 사람들의 삶에는 아무런 관심도 없이 최대한 빨리 달리게 하는 데 목표를 둔다. 때문에 자연과 조화를 이루는 데도 아무런 관심이 없으며 무작정 산을 깎고 터널을 뚫고 고가를 세우는 방식으로 만들어진다. 하지만 옛길들은 사람들이 살아가는 삶의 연결 고리로서, 자연과 최대한 조화를 이루는 방식으로 만들어졌다.

　때문에 옛길을 걷다 보니 처음에 이 길을 만들었던 사람들의 삶이 상상되기 시작했다. 아마도 맨 처음에는 어디에도 길이 없었을 것이다. 하지만 사람들이 살면서 필요해서, 주위 사람들과 연결하기 위해서 길을 만들어갔을 것이다. 물론 지금은 이전과는 삶의 모습이 많이 달라졌기 때문에 길의 의미도 달라졌지만 말이다. 여하튼 옛길을 걸으면서 그 길을 만들고 걸어갔을 사람들을 생각하니 수많은 상상이 꼬리에 꼬리를 물었다. 더군다나 중간중간에 들린 식당이나 민박집 주인들과 이야기를 나누다 보니 비록 급속도로 변화의 과정을 거치고 있지만 그럼에도 여전히 새롭게 만들어져가고 있는 각 지역 사람들의 이야기들이 있다는 것을 새삼 느끼게 되었다.

## 목표인가? 과정인가?

만약 서울에서 강릉이나 속초, 양양 등에 가능한 빨리 가는 것만이 유일한 목표라면 지금처럼 산을 깎고 터널을 뚫으면 될 것이다. 하지만 서울에서 강릉이나 속초 사이에 있는 여러 다양한 지역들을 살피고 그곳의 자연을 느끼며 그곳에서 살아가는 사람들을 만나는 과정들에 의미가 있다고 생각한다면, 마을과 마을을 연결하고 사람과 사람, 사람과 자연을 연결하던 옛길의 방식으로 길을 만들어야 할 것이다. 또한 아무런 방해 없이 가능한 빨리 달릴 수 있는 교통수단이 필요한 경우도 있겠지만, 두 발로 걸으며 온 몸으로 느끼고 사람들을 만나는 방식이 필요한 경우도 있는 것이다.

이는 우리의 교육이나 삶에서도 마찬가지인 것 같다. 지금 우리의 교육은 마치 선호하는 대학교에 진학하는 것이 그리고 그 이후에 안정되고 급여가 많은 직장에 취업하는 것만이 유일한 목표인 것처럼 몰아가고 있다. 그리고 이러한 흐름에 의문을 제기하는 사람은 낙오자 취급을 한다. 하지만 이러한 흐름에 내몰린 학생들 중에서 과연 몇 명이나 그들이 원하는 대학교나 직장에 들어갈 수 있는가? 오히려 대부분의 학생들이 이러한 목표 달성에 실패하거나 낙오자로 전락하고 있지 않은가? 더군다나 이러한 흐름에 충실하여 원하는 대학교나 직장에 들어간 학생들의 삶도 행복하기는커녕 얼마나 피폐하고 빈곤할 뿐인가?

## 천천히 가도 괜찮아

강릉이든 속초든 양양이든 그곳을 향해 가면서 만나는 모든 길과 자연, 마을들, 사람들의 존재와 삶을 충분히 느끼고 그들과 대화하며 가도록 하면 어떨까? 그리고 혹 중간에 자신이 정말 좋아하는 마을을 만나면 그곳에 눌러 살아도 좋지 않을까? 중간에 좋아하는 자연이나 사람을 만나면 그들과 충분히 누리고 느끼고 이야기하고 천천히 떠나도 괜찮지 않을까?

물론 여기에 현실적인 어려움이 있음을 잘 알고 있다. 그리고 사회구조적인 변화가 없는 가운데서 개별적인 가정이나 교사, 학교가 할 수 있는 한계도 분명하다. 하지만 그럴수록 본질적이고 상식에 기반해서 선택하는 개인들과 가정들, 학교들이 있어야 하지 않을까? 비록 당장은 현실 가운데 어려움이 따른다 하더라도 내면으로는 기쁘고 의미 있는 삶을 살아가는 사람들이 늘어나야만 사회구조적인 변화도 앞당길 수 있지 않을까? 비록 제한적일지라도 각자의 상황 속에서 할 수 있는 작은 실천과 작은 저항들을 해가야 하지 않을까?

# 〈SKY캐슬〉을 통해 본
## 쿼바디스 한국 교육

　교육을 소재로 대한민국 상류층의 욕망을 적나라하게 묘사한 JTBC의 〈SKY캐슬〉이 전 국민적인 인기를 모으며 방영되었었다. 이 드라마가 그렇게 인기를 끈 것은 전 국민이 관심을 가진 교육을 다루되, 그 동안 교육을 이야기할 때는 어느 정도 숨기고 말하지 않았던 우리 속의 욕망을 숨김없이 드러냈기 때문일 것이다. 그 동안 우리는 교육이란 이름으로 "저렇게까지 해야 돼?"라고 이야기는 했지만, 사실 그 마음 깊은 곳에서는 "내 자식을 명문대에 보내고 출세시킬 수만 있다면 무슨 짓이라도 할 거야."라고 생각하면서 행동해왔다. 다만 이를 여러 멋있는 이름으로 포장해왔을 뿐이다. 〈SKY캐슬〉이 보여주는 일부 상류층의 극단적인 교육 형태는 사실 대부분의 사람이 여력만 있다면 똑같이 하고 싶었던 것이었는지도 모른다.

## "개천에서 용 나는" 교육 신화의 탄생

그렇다면 우리 교육은, 아니 우리 사회는 왜 이렇게까지 되었을까? 우선 지난 100여 년의 역사를 살펴보자. 대한민국은 일제 강점기를 통해 조선시대까지 내려오던 신분제가 해체되고 기득권층이 완전히 붕괴되는 경험을 했다. 물론 일제 강점기 동안 친일파들이 새로운 신분과 기득권을 얻기는 했지만, 그들은 부와 권력만을 획득했을 뿐 국민들의 존경과 신뢰를 얻지는 못했다. 이마저도 해방과 함께 완전히는 아니지만 어느 정도는 해체되었다.

기존 신분과 질서가 해체된 해방된 대한민국에서 많은 사람들이 새로운 신분 상승의 통로로 주목한 것이 교육이었다. 그래서 시골에서 소 팔고 논 팔아서라도 자식을 고등학교와 대학교에 보내고, 더 나아가 미국에 유학까지 보낸 사람은 깬 사람들이었다. 그렇게 공부를 한 그 자녀들이 대부분 대한민국의 중류층을 형성했고 그 중 몇몇 사람들은 상류층까지 치고 올라가도 했다. 그들은 경제적으로 중상류층이 되었을 뿐만 아니라 조선시대의 사대부 전통을 잇는 배운 자로서의 정당성도 함께 얻어 그야말로 경제적으로만 부유한 졸부들과는 구별되는 계급을 형성하게 되었다. 그래서 그때 나온 말이 "개천에서 용난다"였고, 이는 대한민국의 교육 신화가 되었다.

## 용 새끼를 사육하는 사교육 체제의 등장

하지만 "개천에서 용 난다"는 교육 신화는 50년을 채 넘기지 못해 흔들리기 시작했다. 그 동안 개천에서 용이 된 사람들이 이미 중상류층 계급을 모두 형성해버렸기 때문이다. 이제는 개천에서 용이 나는 것은 어렵다. 그보다는 처음부터 용 새끼를 사육해서 용으로 만드는 사회가 되었다. 다시 말해, 이미 용이라는 기득권을 가진 집단이 한강, 그것도 반포대교와 올림픽대교에 둑을 쌓고 그 사이에서 용을 사육하는 장치를 만들기 시작한 것이었다. 그것이 바로 사교육 시스템이었다.

대학 서열화를 기본축으로 하고 있는 우리 교육의 현실에서 대학 서열화의 최정점에 있는 대학에 진학하기 위해서는 모두에게 똑같이 제공되는 공교육만으로는 어렵게 되었다. 그래서는 남들보다 앞설 수가 없었기 때문이다. 그래서 낮에는 공교육에 참여하게 하지만 밤에는 사교육을 투입하기 시작했다. 그런데 처음에는 개인 과외 정도의 소박한 수준에 머물렀던 사교육이 1990년대와 2000년대를 거치면서 거대한 산업으로 성장하기 시작했다. 또한 사교육은 대입정책의 변화에 따라 수능 사교육, 논술 사교육, 내신 사교육 등으로 변신하면서 어떠한 교육정책이 나오더라도 적응할 수 있는 내성을 키우기 시작했다. 〈SKY캐슬〉의 김주영김서형이 연기했던 입시 코디네이터이 보여주듯이 '입시 코디네이터'는 대입 수시전형을 대비한 컨설팅 사교육이 극단화된 모습이다.

## 교육으로 인해 모두가 불행한 나라

문제는 이러한 부모의 욕망과 불안이 만들어내는 교육이란 이름의 잔혹한 폭력 시스템 가운데서 정작 자녀들이 죽어가고 있다는 것이다. 어쩌면 〈SKY캐슬〉이 보여주고자 했던 것도 지금 우리가 교육이란 이름으로 우리 자녀들에게 도대체 어떤 짓을 하고 있는가 하는 것이었다. 아니 굳이 자녀들만 불행하게 하고 죽이고 있는 것이 아니라, 부모 자신과 우리 사회 전체를 병들게 하고 죽이고 있다는 것이었다.

"교육으로 인해 불행한 나라", 지금의 우리 교육과 사회를 한 마디로 표현한 말이다. 교육으로 인한 불행은 비단 공부를 못해 입시 경쟁에서 낙오하는 자녀들이나, 부모에게 여력이 없어 교육을 시키기 힘든 가정에만 해당되는 말이 아니다. 입시 경쟁에서 승리하여 모두가 부러워하는 자녀들도 교육 때문에 행복하지 못하고, 모든 교육을 마음껏 시킬 수 있는 상류층 가정들도 교육으로 인해 가족 모두가 고통을 당하고 있다. 이는 〈SKY캐슬〉이라는 드라마에서 적나라하게 드러난다. 그 드라마는 소위 말하는 상류층 가정이 교육으로 인해 어떻게 붕괴되고 있으며, 그 속에서 살아가는 자녀들이 어떤 고통을 당하고 있는지를 잘 보여준다.

## '가족주의'에 휘둘린 교육

우리의 교육이 이렇게 무너져가고 있는데, 아니 교육으로 인해 우리 모두가 이렇게까지 불행해지고 있는데 우리는 왜 이러한 교육을 고치려고 하지 않는가? 설령 이러한 교육을 고치기 위해 노력한다 해도 왜 그러한 노력은 전체 구성원들의 공감대를 얻지 못하고, 또 이를 개혁하고자 도입하는 제도들은 번번이 왜곡되고 마는가? 그것은 단지 제도의 문제만으로 설명할 수 없는 훨씬 더 뿌리 깊은, 곧 우리의 몸속 깊이 흐르는 문화와 의식 때문이다. 〈SKY캐슬〉이 전 국민적인 공감대를 형성했던 것도 바로 이 부분을 극대화해서 보여주었기 때문이다.

그중에서 가장 대표적인 것이 '가족주의'이다. 가족주의는 한국 사회에서 전통적인 인간관계를 규정하는 가장 핵심적인 관념으로서, 가족 구성원들의 성공과 출세를 가족 전체 혹은 집안의 명예와 연결시켜 생각하는 개념이다. 이와 관련해 공자는 "사람이 출세를 하고 진리를 행하고 자신의 이름을 후세에 남기고 그로 인해 양친에게 영예를 가져다준다면 그로서 효의 궁극적인 목표를 이루는 것이다."라고 말한 바 있다. 그래서 한국 사회에서 한 사람이 어떤 대학에 진학하고 어떤 직장에 취업하고 어떤 사람과 결혼하느냐 하는 것은 그 개인의 사적인 문제만이 아니고 그 부모와 집안의 명예가 걸린 문제인 것이다. 그러기에 〈SKY캐슬〉에서 윤여사정애리가 연기한 한서진(염정아)의 시어머니는 아들 강준상정준호가 연기한 한서진의 남편이자 대학병원 교수은 물론이고 손녀인 강예서까지 서울대학교 의대에 보내기 위해서 집착했던 것이다.

그런데 이전에는 이러한 가족주의가 주로 자녀의 부담으로 작용했다. 그런데 어느 순간부터 부모의 부담으로 더 크게 작용하기 시작했다. 특별히 부잣집 혹은 학벌이 좋은 집안의 며느리가 된 사람은 자기 자녀를 잘 관리해서 명문대학에 보냄으로써 그 집안으로부터 자신의 능력을 인정받아야만 했다. 한서진염정아 분(扮)이 그 대표적인 경우이다. 한서진은 어떻게 해서라도 예서를 서울대 의대에 보냄으로써 미천한 집안 출신인 자신의 과거를 덮을 뿐 아니라 남편과 시부모에게 인정받고자 했다. 그래서 더더욱 예서의 입시에 집착했던 것이다.

## 1,000년 과거 시험의 유산 '선발과 배제'

또 하나 우리 역사는 1,000년의 과거제도 전통을 가지고 있다. 과거제도는 기본적으로 교육을 '선발과 배제'의 틀로 본다. 즉, 열심히 공부한 사람들에게 일정한 시험을 통과하게 해서 그 시험을 통과한 사람들에게 혜택을 몰아주고, 그 시험을 통과하지 못한 사람들은 아무런 혜택도 받지 못하는 것에 불만을 품지 못하게 하는 기제로 보는 것이다. 물론 이러한 전통은 우리나라에만 국한되지 않고 유교의 영향을 받은 동아시아 국가들에서 대체로 비슷하게 나타난다. 이러한 전통이 있기에 근대교육이 들어왔을 때 서구 근대교육의 기본정신인 '전인적인 인간을 키우는 국민 교양교육'의 성격은 사라지고, 오직 상급학교로의 진학과 신분상승, 안정적인 직업 획득을 위한 수단으로서의 성격만 남은 것이다. 따라서 학교는 배움 자체가 중요한 것이 아니라 배운 내용을 객관적으로 평가하고 순위를 부여해서 공정한 선발과 배제의 장치를 만드는 것에 집중해왔다.

그러므로 '남들보다 앞서야 한다'라는 명제는 우리 교육을 실제로 지배하는 가장 중요한 개념이다. 그 학년에서 배워야 할 내용을 잘 소화해서 100점을 받았다 해도, 100점을 받은 아이가 여러 명이면 큰 의미가 없다. 따라서 우선 내가 100점을 받아야 하지만 그와 더불어 다른 사람이 100점을 받지 않아야만 되는 것이다. 나는 한 개라도 실수하면 안 되고, 다른 친구들은 실수해야만 된다. 이것이 자라나는 자녀들에게 얼마나 큰 고통이겠는가? 한 개라도 실수하지 않기 위해 무한히 반복함으로써 배움에 흥미를 잃을 뿐 아니라, 친구가 실수하기를 바라야 하기 때문에 우정도 잃는 것이다. 심지어 〈SKY캐슬〉에서처럼 시험지 유출과 같은 극단적인 방법이 실제로 발생하기도 하고, 자녀들에게 성적을 위해 수단과 방법을 가리지 않는 비도덕적이고 비교육적인 방법들을 교육의 이름으로 보여주거나 강요하는 것이다.


## 왜 서구 기독교 전통에는 입시 경쟁이 없을까?

1,000년을 이어온 유교 문화가 우리 교육에 미친 영향을 보

면, 왜 이러한 교육 문제가 유교의 영향권에 있었던 동아시아 국가에서 유독 심한지를 알 수 있다. 2,000년 기독교의 영향권에 있었던 서구 국가들에서는 우리가 안고 있는 무의미한 무한경쟁의 문제를 찾아볼 수 없다. 그 나라들에서 자녀들은 행복하게 학교에 다니며 그 나이에 누려야 할 감정을 누리고 그 나이에 해야 할 고민들을 하면서 지낸다. 그것은 기본적으로 하나님께서 자녀들마다 다른 은사와 재능들을 주셨고, 따라서 교육은 그것을 발견하고 발굴하는 것이라는 인식이 자리 잡고 있기 때문이다. 그래서 자녀들에게 인간의 존엄을 누리는 데 필요한 기본적인 교육을 제공하되, 각자가 얻은 성취나 각자가 지닌 흥미와 관심들을 서로 비교하지 않는다. 그냥 각자의 재능에 맞게 각자가 희망하는 대로 교육받을 수 있도록 안내해 줄 뿐이다. 이는 부모와 학교가 모두 마찬가지이다.

물론 그 나라들은 이러한 아동관과 교육관을 뒷받침할 수 있도록 그 사회에 맞는 시스템을 만들어왔다. 즉, 각자에게 주어진 재능을 마음껏 개발하고 발휘할 수 있도록 국가가 공적으로 충분히 뒷받침해 주도록 한 것이다. 그리고 그러한 뒷받침을 통해 높은 교육을 받은 사람들은 그 사회에 감사하면서 많은 세금 또는 활발한 기부를 통해 사회에 환원하는 것을 당연하게 생각한다. 이러한 세금과 기부는 복지와 사회 안전망을 형성하기 때문에 교육을 많이 받지 못한 사람들도 인간으로서 기본적인 존엄을 누릴 수 있다. 그렇기 때문에 모든 사람이 특정 대학이나 특정 직업을 갖기 위해 무한경쟁을 할 필요 없이 각자 자신의 은사와 관심에 맞는 정도만 교육받고 거기에 맞는 직업을 갖는 것에 아무런 거리낌이 없는 것이다. 이렇듯 평등한 사회가 다양한 교육을 만들 수 있다. 하나를 놓고 치열하게 경쟁할 필요가 없기 때문이다.


## 입시경쟁에 삼켜진 한국 교회

그런데 한국은 기독교가 들어왔는데도 가치관에 아무런 변화가 없다. 오히려 교육과 관련해서는 더 심화된 측면이 많다. 근대교육을 선교사와 교회가 주도적으로 실시했기 때문에 그리스도인은 근대교육의 혜택을 더 일찍 접할 수 있었다. 이들은 일제 강점기는 물론이고 해방 이후 개천에서 난 용이 되는 경우가 많았고, 곧장 사회에서 중상류층으로 진입했을 뿐 아니라 교회의 지도자가 되는 경우가 많았다. 이렇듯 그리스도인들은 기독교 신앙의 이름으로 '선발과 배제'의 틀 가운데서 선발의 혜택을 많이 보았고, 그래서 '선발과 배제'라는 유교의 틀을 기독교의 은혜와 축복의 틀로 합리화하는 역할을 했다. 그들에게는 그들이 혜택을 봤던 '선발과 배제'의 틀이 얼마나 비기독교적이며, 이것이 한국 사회와 다음 세대를 얼마나 병들게 할지에 대한 안목이 없었던 것이다.

그 결과 한국 교회는 기독교적 가치관으로 전통적인 유교의 가치관을 대체하고, 그럼으로써 한국 교육의 무한입시경쟁에 대한 새로운 교육적 비전을 제시하는 데 실패했다. 그러기는 커녕 오히려 무한입시경쟁 체제를 종교적으로 합리화시켜 주고, 그 속에서 내 자식만 살아남고 선발될 수 있도록 영적인 힘을 공급하는 일에 급급하다가 결국에는 입시에 완전히 삼켜지고 말았다. 그래서 이제는 세상이 아니라 교회의 미래를 걱정해야 할 상황에 처하게 되었다.


## 그럼에도 불구하고 기독교에 희망이 있다

그럼에도 불구하고 모두를 불행하게 하는 이 교육의 틀을 고칠 수 있는 힘은 여전히 기독교에 있음을 부인할 수 없다. 비록 한국 교회 전체가 입시경쟁의 포로에서 벗어나지 못하고 있긴 하지만, 그 가운데서 깨어 있는 그리스도인, 깨어 있는 교회, 깨어 있는 기독교교육운동 단체들부터 내 자녀들로 하여금 하나님께서 주신 재능을 스스로 발견하도록 돕고, 그것에 따라 담대하게 살아가도록 격려하고 이끌어주는 실천들을 쌓아가야 한다. 물론 그렇게 자란 자녀들이 편하게 살아갈 수 있도록 우리 사회의 틀을 보다 평등하게 만들어가는 작업도 함께 해야 할 것이다. 멀고 힘든 일이지만 결국 우리 가운데서 시작되지 않으면 우리 사회와 교육에서 어떠한 희망도 만들어갈 수 없을 것이다.

# 더 큰 일은
# 없다

"선생님, 내년에도 계속 학교에 근무하는 건가요?"

"예, 학교에 있어야죠. 제가 7년의 공백을 끝내고 이제 겨우 학교에 적응하고 있는데 학교를 떠나 어디로 간단 말입니까?"

지난 6월 지방선거 직후 서울시 교육감 당선자 인수위원회의 인수위원으로 한 달 반 정도 파견 근무를 한 후 2학기에 다시 학교에 복직하자 주변의 많은 분들이 이제 내가 조만간 어떤 형태든 교육청의 일을 맡기 위해 학교를 떠나지 않을까 하고 생각했던 모양이다. 물론 내가 서울시 교육청 소속의 교육공무원 신분이기 때문에 교육청의 명령이 있으면 언제 어떤 일이든 기여해야 할 것이다. 하지만 내 마음에 있는 기본적인 생각은 내가 선택할 수 있는 범위 내에서는 최대한 학교의 교사로 충실하게 내 직무를 다하고 그 외 남는 시간에 교육청이든 다른 교육계이든 봉사를 하겠다는 것이었다. 지난 6월 서울시 교육감 당선자 인수위원으로 활동했던 것도 내 의지가 작용한 것이라기

보다 교육감 당선자의 거부하기 힘든 강력한 요청에 의한 것이었을 뿐이다.


## 평교사로 평회원으로

대표직을 비롯해서 좋은교사운동을 풀타임으로 섬기기 위해 지난 7년간 휴직했던 기간을 마치면서 다시 학교로 복직해야겠다고 결정했을 때, 나는 할 수만 있다면 가장 평범하면서도 동시에 가장 모범적인 평회원 기독교사로서의 삶을 살아야겠다고 생각했다. 그래서 학교 업무분장을 신청할 때도 자신은 없었지만 담임을 신청했고, 행정업무는 학교의 필요에 따라 어떤 업무라도 달라고 요청했다. 그리고 좋은교사운동에서 실시하고 있는 모든 실천과 운동을 그 의도에 가장 적합한 방식으로 빠짐없이 학교에서 실천하는 것을 나의 최우선의 책무로 붙들고 노력하고 있다. 뿐만 아니라 좋은교사운동의 사역과 관련해 한 사람의 '정책위원'으로서 정책위원회에 참석하는 것은 물론, 14년 전에 내가 개척했던 지역모임에도 정기적으로 출석하기 시작했고, 내가 속한 회원단체에서 개설한 1년 과정의 리더십 양성 과정에서도 한 부분을 맡아 섬기고 있다.

물론 이렇게 몸부림을 쳤어도 결과가 다 좋은 것은 아니었다. 학급운영에서는 회복적 생활교육의 원리들을 적용해보려고 애썼지만 학생들이나 나 자신이나 모두 미숙해서 결과적으로 무질서한 학급이 되고 만 것 같아 마음이 많이 불편하다. 수업에서는 할 수만 있다면 모든 학생들이 수업 활동에 참여하고 각자 나름의 배움을 경험하도록 최선을 다했지만 장기적인 기획 없이 해당 수업에 임박해서야 겨우겨우 준비하는 단기적인 대응으로 인해 아쉬움을 많이 느끼고 있다. 이 외에도 좋은교사운동이 진행하는 실천 운동들을 학교 일정 안에서 소화하고 정책위원회, 지역모임, 리더십 훈련 모임 등에 기쁨으로 참여하고는 있지만 체력적으로 벅차다는 것을 많이 느끼고 있다.

하지만 이러한 연약함과 아쉬움에 따른 한계에도 불구하고 학교의 평교사로, 좋은교사운동의 평회원으로 살아가는 삶이 내 몸에 맞고 또 나를 향한 하나님의 부르심 가운데 있다는 안정감이 있다. 그래서 매 순간 나의 연약함을 주께 고백하며 그분의 도우심을 간구할 수밖에 없는 삶이긴 하지만, 그 긴장감 속에서도 하나님께서 나와 함께 하시고 나를 통해서 그분의 일을 하고 계심을 느낄 수 있다.


## 오직 부르심을 따라서


나는 기독교사들이 평교사로만 있어야 한다고는 생각하지 않는다. 기독교사가 학교를 벗어나고 학생들을 떠나는 것을 하나의 목표나 영광으로 생각하면서 소위 말하는 승진에 매달려서는 안 되지만, 그렇다고 승진 자체를 금기시할 필요는 없다고 생각한다. 기독교사는 일차적으로 교사로서 가르치는 일과 학생들과 함께 뒹구는 일을 나이와 무관하게 가장 소중히 여겨야 한다. 또한 이런 일을 통해 하나님을 섬기고 그분의 영광을 구하는 삶을 살아야 한다. 하지만 관리자나 장학직으로의 내적·외적 부르심이 있을 경우 그 부르심에도 순종해야 한다. 따라서 비록 학생들과 학교가 너무 좋아 떠나기 싫지만 그럼에도 장학직이나 관리직으로의 부르심에 순종하기 위해 학생들과 직접적인 만남을 포기해야 하는 사람도 있을 수 있으며 또한 있어야 한다고 생각한다.

하지만 최소한 나의 경우에는 관리직이나 장학직에 대한 내적 부르심이 강하지 않다. 물론 외적 부르심에서는 그에 대한 약간의 은사와 경험이 있어 확신할 수는 없지만 아직까지 이런 것들이 나의 내적 부르심을 자극하거나 일깨우지는 못하는 것 같다. 더군다나 좋은교사운동이나 하나님 나라 차원에서 생각하더라도 내가 평교사로 존재하고 또한 평회원으로서 자기 역할을 다하는 것이 더 유익할 것이라고 판단한다.


## 선택의 기로에서 붙들어야 할 말씀


나는 어떤 선택의 기로에 있거나 어떻게 살아야 할지 막막할 때 다른 말씀에 우선해서 다음의 두 가지 말씀을 붙들고 묵상하며 그 말씀 위에서 판단하려고 노력한다. 그중 하나는 "네가 작은 일에 충성하였으매 내가 많은 것을 네게 맡기리니"마 25:21라는 말씀이고, 다른 하나는 "네게 있는 것 중에 받지 아니한 것이 무엇이냐?"고전4:7라는 말씀이다.

우리가 살아가는 세상의 기준에서는 큰 일과 작은 일이 존재한다. 하지만 과연 하나님 앞에서 무엇이 큰 일이고 또 무엇이 작은 일이겠는가? 그러므로 내 앞에 세상의 관점에서 큰 일과 작은 일이 있다면 특별한 하나님의 인도하심이 없는 한 무조건 작은 일을 선택하는 것이 안전하다. 이렇게 작은 일에 충성할 때 하나님께서는 그 작은 일을 통해 큰 일을 행하시기도 하고, 또 작은 일에 충성하고 있는 나를 강권하셔서 큰 일로 이끄시기도 한다. 물론 그럴 때는 하나님께서 큰 일을 감당할 수 있는 힘도 내게 주시기 때문에 큰 일도 잘 감당할 수 있다. 그렇지 않고 작은 일에 계속 머물러 있다 할지라도 그 일을 통해 하나님과 깊이 교제하는 더 큰 복을 누리게 된다. 하지만 처음부터 세상의 관점에 따라 큰 일을 선택할 경우에는 욕심에 이끌려 하나님의 인도하심을 받지 못하고, 결국 하나님의 일이 아니라 내 욕심에 이끌리는 곤고한 삶을 살 수밖에 없게 된다.

때로 내게 어떠한 큰 일을 감당할 만한 외적 부르심과 은사와 재능이 발견되기도 한다. 하지만 그럴 때도 마치 그 재능과 은사가 내가 노력해서 만든 나만의 것인 양 착각해서는 안 된다. 내게 있는 지극히 작은 은사와 재능일지라도 그것은 하나님께서 은혜로 주신 것들이다. 그것들은 하나님께서 내게 맡기신 지극히 작은 일과 지극히 작은 자를 섬기라고 주신 것들이다. 따라서 만일 내가 그러한 목적으로 은사와 재능을 사용하지 않을 때는 그것들이 오히려 내게 짐과 재앙이 될 수 있고, 또한 언제든 하나님께서 거두어 가실 수도 있다. 그렇기 때문에 내게 은사와 재능이 있다고 해서 내가 큰 일을 해야 할 사람이라고 생각해서는 절대로 안 된다. 당연히 그러한 은사와 재능이 없는 사람을 무시하거나 자고해서도 안 된다. 오히려 내게 은사와 재능이 발견될수록 더 낮은 자리에 서기를 힘쓰고 더 많은 섬김의 자리에 서려고 해야만 한다.

## 작은 일, 작은 자, 낮은 자리

내가 교직의 정년을 다 채우려면 아직 십여 년의 시간이 남아 있다. 물론 어떤 사람도 자신의 삶에서 무엇은 되고 무엇은 안 된다고 단정할 수 없듯이 나 역시 남은 교직생활에 대해 무엇이라고 단정할 수는 없다. 다만 오직 주의 부르심과 인도하심에 따라 움직일 뿐이다. 그렇지만 나로서는 세상이 정한 나이에 따른 위치나 지위 개념에 얽매이고 싶지는 않다. 어떤 자리에서 특별한 일을 해야만 교육에 더 영향력을 미칠 수 있다는 세상의 관념에도 구속되지 않으려고 한다. 그보다 오직 말씀의 원리를 따라 할 수 있는 대로 더 작은 일에 충성하고 더 작은 자에게 집중하고 더 낮은 자리에 처하려고 힘쓰고자 한다. 지금 내게 주어진 은사와 재능이 크든 작든 오직 주님께서

은혜로 주신 것임을 알고 더 겸손히 섬기도록 나를 채찍질하고
자 한다.

# 그러면 나는
# 어떻게 살 것인가?

"선생님, 대표 그만두면 뭐 하실 거예요?" 대표의 임기 만료가 1년 앞으로 다가오자 많은 사람들이 궁금해 하면서 묻는 질문이다. 물론 이 질문에 대한 가장 솔직한 대답은 현재 주어진 일을 처리하는 것만으로도 힘에 벅차서 그에 관해 제대로 생각할 여유가 없었다는 것이다. "소중한 것을 먼저 하라."는 말이 늘 옳은 것인 줄 알면서도 정작 지금의 나는 "급한 일을 먼저 하라."는 현실에 늘 쫓기는 생활을 하고 있는 것 같다.

또 한 가지 내가 그 물음에 절박함을 덜 느끼는 이유는 '복직'이라는 안전판이 있기 때문이다. 여기서 안전판이라는 것은 단지 경제적인 측면만을 의미하는 것은 아니다. 그보다는 교사모임의 대표가 일정 기간 휴직하면서 모임을 섬기다가 다시 교직으로 돌아가서 교육현장의 교사들과 함께 아파하고 그 가운데서 교사로서의 모범을 보여주는 것이 가장 자연스러운 하나님의 인도하심이라는 의미도 포함되어 있다.

하지만 지난 10여 년간 좋은교사운동의 상근자 혹은 대표로서 활동하면서 얻게 된 교육과 시대를 바라보는 안목, 조직과

운동의 경험, 교육계와 교계에 형성된 네트워크 등을 활용해 새로운 사역을 개척하는 일이 요구된다면, 기꺼이 그 일에 뛰어들 마음도 한 가지 가능성으로 늘 열어놓고 있다. 물론 그에 대해서 공동체적인 결정이 있어야 하고, 또한 개인적으로도 하나님의 부르심이라는 분명한 확신이 있어야 하겠지만 말이다.

이런 점에서 내가 남은 생을 교사로서 헌신하든 아니면 기독교사 운동가로서 역할을 감당하든 상관없이 내가 삶의 모범으로 삼고 있는 사람이 있다. 바로 김진홍 목사와 레슬리 뉴비긴 선교사다. 물론 이 두 사람은 목사와 선교사로서 살았기에 교사인 나와는 삶의 영역이 다르긴 하다. 하지만 그 두 사람이 목사와 선교사로서 철저하게 삶의 현장에 뿌리박은 삶을 살았다는 것, 그리고 그 삶의 현장에서 얻은 안목을 바탕으로 시대의 문제를 풀어내는 원리를 세상에 제시했을 뿐 아니라 그 원리를 바탕으로 시대의 문제와 통 큰 싸움을 싸웠다는 것에서 내가 본받고 싶은 사람들이다.


## 목민신학자 김진홍

잘 알려진 바와 같이 김진홍 목사는 '진리란 무엇인가?'라는 질문을 붙들고 오랫동안 씨름했고, 예수님을 만나 신학대학원에 진학한 이후에는 청계천 빈민가에서 민중교회 사역을 했다. 그곳에서 그는 빈민들과 함께 삶을 나누며 가난으로 죽어가는 그들이 곧 예수님임을 체험하며 총체적인 복음의 실현을 위해 노력하다가 결국 청계천 빈민가 철거 때 빈민들을 이끌고 남양만 간척지에서 두레마을 공동체 사역에 투신했다. 이후에도 그는 수많은 실패로 죽음의 위기에까지 직면하기도 했으나, 모든 어려움을 극복하고 이후 설교사역과 장학사업 등을 함으로써 많은 사람들의 눈물을 닦아주며 복음으로 시대를 밝혀주는 국민목사로 인정받게 되었다. 물론 그의 삶의 후반기에는 남양만 두레마을을 떠나 서울 근교 구리에 교회를 개척하고 뉴라이트*라는 정치운동을 하면서 국민목사로서의 위상을 추락시키고 논쟁거리로 남게 된 것에 대해서는 아쉬움이 너무나도 크다.

비록 김진홍 목사가 충분히 발전시키지는 못했지만 그는 그의 신학을 '목민신학'이라고 이름 붙였다. 그는 젊은 시절에 체험했던 한국 민중들의 애환과 한, 그리고 그들의 영혼만이 아닌 그들의 삶의 태도, 더불어 함께 사는 나눔의 공동체, 세계를 섬기는 국가적 비전 등에 이르는 총체적인 복음을 담아낸 설교를 했고 이를 신학화하고자 했다. 이러한 그의 설교와 신학화의 작업은 민중들의 눈물을 직접 닦아주며 목숨을 바쳐 그들을 사랑하고 함께 아파하며 대안적인 삶과 공동체를 만들기 위해 몸부림쳤던 삶의 현장이 없었다면 불가능했을 것이다.

동시에 그는 엄청난 독서를 통해 세계사의 흐름과 시대정신

---

* 기존의 보수와 다른 신흥 우파가 표방하는 이념으로서, 주로 좌파 운동권 출신이 전향하여 기존의 진보와 보수에 대한 극복을 주장하고, 실용주의 노선으로 경제, 정치, 역사, 사회적으로 새로운 세력화를 꾀하는 정치적인 계파이다.

을 꿰뚫어보는 안목을 연마하는 일에도 게으르지 않았다. 대학교 4학년 때 삶의 방향을 고민하던 가운데 남양만 두레마을에 있던 그의 집에서 일주일간 거주한 적이 있었는데, 그의 집 거실 벽면을 빼곡히 채운 책들을 보고 놀랐던 기억이 있다. 그는 힘든 노동과 거친 사역 속에서도 손에서 책을 놓지 않고 노동과 독서, 기도의 균형을 잡으려던 사람이었다. 이러한 그의 실천과 지성, 영성이 버무려져 '목민신학'이라는 설교와 신학적 개념이 나왔던 것이다. 다만 이 목민신학의 구체적인 내용은 그가 두레 장학회를 통해 길러낸 신학자들과 각 분야의 학자들, 그리고 실천가들이 채우기를 바랐지만, 그의 삶의 굴절과 함께 이 에너지들이 신학으로 모아지지 않은 것은 그의 삶에서나 한국 교회와 사회에서나 크나큰 아쉬움이자 손실이 아닐 수 없다.

## 레슬리 뉴비긴,
## 교회의 연합과 선교의 실천적 리더

레슬리 뉴비긴은 김진홍 목사에 비해 한국 교회에 많이 알려진 분은 아니지만, 20세기 세계교회사에서 가장 중요한 인물 중의 한 사람으로 평가받고 있는 사람이다. 그는 대학시절에 회심하고 인도 선교사로 파송 받았다. 그는 비록 성공회에 소속된 선교사였지만, 선교지에 서구의 교파 교회를 이식해서는 안 된다고 생각했다. 그보다는 선교지 국가 안에서 교회들은 하나의 교회가 되어야 한다는 신념 아래 성공회, 감리교, 장로교, 회중교회 등 여러 교단을 묶어 남인도 연합교회를 만드는 데 중추적인 역할을 했으며, 또한 이 남인도 연합교회의 사제로 섬기기도 했다.

이후 국제선교협의회 총무가 되었을 때는, 선교는 교회의 사역이어야 하며 교회는 선교적인 교회가 되어야 한다는 신념 아래 국제선교협의회와 세계교회협의회를 통합시키는 데도 핵심적인 역할을 하였다. 그리고 세계교회협의회의 신학위원회 위원으로서 당대 최고의 신학자였던 칼 바르트, 라인홀드 니버, 에밀 브루너 같은 신학자들의 신학을 모으기도 했고, 세계교회협의회 총무를 역임하면서는 교회의 일치와 연합을 위해 탁월한 리더십을 발휘했다. 이후 그는 다시 남인도 연합교회로 돌아와 주교 사역을 마무리했고, 영국으로 돌아와서는 오히려 이제 서구 유럽이 다시 복음 전파가 필요한 선교지가 되어 있음을 발견하고 복음을 잃어버린 서구 사회의 복음화를 위해 신학을 정립하고 선교의 방향을 제시하는 역할을 했다.

레슬리 뉴비긴은 신학자가 아니라 목회자요 선교사였다. 하지만 그의 사역은 선교지에만 머무르지 않았다. 오히려 그는 세계 선교의 방향을 제시했고 온 인류를 향한 복음의 유일성을 변증했으며, 세계교회의 연합과 일치를 위한 신학을 정립했고, 이를 실현하는 데 탁월한 리더십을 발휘했다. 그가 이러한 사역들을 할 수 있었던 것은 서구 사회가 아니라 선교지였던 인도 사회에서 사역하면서 만유의 주이신 예수 그리스도에 대해 철저하게 경험하고 교회의 머리이신 그리스도와 그분의 몸된 교회에 대한 실천적이고 목회적인 경험을 했기 때문이다.

뿐만 아니라 그가 20세기에 들어와서 복음을 잃어버린 서구 교회의 본질을 인식하고 서구 교회의 회복을 위해 대안을 제시할 수 있었던 것 역시 아시아 선교사로서의 경험이 있었기 때문이다. 그의 저서들을 읽어보면 선교사로서 그가 경험했던 것이 얼마나 그의 신학과 사유를 풍부하게 해주었는지 곳곳에서 드러난다. 비록 전문적인 신학자로서의 훈련을 받지는 않았지만, 그는 자신의 선교와 목회 경험에서 얻은 통찰을 신학화할 수 있는 능력이 있었으며 세계 신학의 흐름에도 결코 둔감하지 않았다. 그래서 선교와 교회연합 운동을 하면서도 거기서 얻은 경험과 통찰을 20여 권에 이르는 신학 저서로 남김으로써 20세기 교회와 신학에 큰 공을 세울 수 있었다.


## 주어진 자리에서 동일한 삶을 살고 싶다

물론 내게는 이 두 사람만큼의 탁월성도 없거니와 자랑할 만큼의 철저한 삶도 살아내지 못했다. 하물며 이들처럼 유명해지겠다는 마음은 추호도 없다. 다만 나도 하나님께서 부르신 교사의 자리에서 내게 주어진 학생들과 부대끼며 그들의 삶을 인도하기 위해 언제나 최선을 다해왔다. 또한 한국의 교육 현실과 이로 인해 고통당하는 학생들과 학부모, 교사들의 고통을 부둥켜안고 그것을 해결하기 위해 노력해왔다. 기독교사단체들의 연합과 하나됨, 그리고 그 힘을 통해 한국 교육에 대안을 제시하고자 힘써 왔고, 또 앞으로도 그 일에 최선을 다하려고 한다. 그렇기 때문에 향후 나의 남은 인생에서 내 삶의 자리가 어디가 되었든 관계없이 내가 할 수 있는 한 최선을 다해 현장성과 학문성이 겸비된 실천적인 대안을 제시하고, 나아가 그 대안을 직접 실천하고 운동하면서 변화의 열매를 맺어가는 데 기여하고 싶을 뿐이다.